LA FRANCE
DES CINQ PARTIES
DU MONDE

OCTAVE HOMBERG

LA FRANCE DES CINQ PARTIES DU MONDE

Avec une carte

PARIS

LIBRAIRIE PLON

LES PETITS-FILS DE PLON ET NOURRIT

IMPRIMEURS-ÉDITEURS — 8, RUE GARANCIÈRE, 6[e]

LA FRANCE
DES CINQ PARTIES DU MONDE

CHAPITRE PREMIER

INTRODUCTION

La grande guerre a placé l'idée coloniale sur un plan nouveau. Autrefois l'on considérait les colonies comme des « biens ». Par des conquêtes hardies, par des négociations habiles, ces biens entraient dans le patrimoine d'une nation : ils y entraient, mais pouvaient à l'occasion en sortir par des abandons, des échanges, des ventes ; bref les colonies, possessions éloignées de la métropole, à laquelle ne les rattachait que le lien changeant de l'intérêt, étaient considérées comme marchandises dans le commerce international ; une puissance prospère s'efforçait d'arrondir son domaine d'outre-mer, comme le particulier qui s'enrichit acquiert de nouvelles propriétés de rapport ; au contraire, une puissance pauvre ou en proie à des embarras momentanés, n'hésitait pas à alléger sa position par l'abandon ou la vente de quelque territoire colonial.

Encore que nous restions aujourd'hui, et grâce au magnifique effort de récupération qui demeurera l'honneur de la Troisième République, la deuxième Puissance coloniale du monde, cette conception nous conduisit jadis à des fautes dont nous voyons aujourd'hui les conséquences. Ce sont les Indes, simple objet de spéculation pour la rue Quincampoix, ou le Canada, « ces quelques arpents de neige » cédés pour de dérisoires contre-parties ; c'est la Louisiane, vendue un prix misérable pour aider à soutenir une guerre ruineuse contre l'Angleterre ; ce sont d'autres abandons, d'autres trocs encore.

Il faut vraiment que ceux auxquels nos présents embarras financiers inspirent la pensée de renouer une aussi néfaste tradition soient — sans parler de trous d'un autre ordre — bien ignorants de l'histoire pour ne pas se rendre compte, après tant d'expériences répétées, que céder, même contre le plus haut prix que peut représenter une valeur actuelle payable et transférable, des territoires coloniaux qui sont riches de tant de possibilités, c'est faire inévitablement un marché de dupes et manger niaisement en la plus courte des herbes, non pas une moisson future mais la série indéfinie de récoltes sans cesse renouvelées.

Les colonies c'est une épargne où se concrétisent, non pas des prélèvements sur des rentes échues, mais tout l'ensemble des revenus futurs qui sont là en puissance ou plutôt en attente, à la merci de notre travail ordonné et de notre esprit de suite.

A défaut même d'autres sentiments, le Français raisonnable qui sait compter et bien compter, pour peu qu'il soit averti, nous préservera contre les insensés qui voudraient gaspiller inutilement cette épargne sacrée.

Mais la grande guerre, qui fut une guerre mondiale, a mis les choses sur un tel plan qu'il ne s'agirait plus seulement d'une mauvaise affaire, mais aussi du plus barbare anachronisme, du plus odieux sacrilège.

Quand dans une lutte, qui ne fut pas seulement la rencontre de deux armées adverses, mais le choc de deux coalitions de pays s'affrontant avec toutes leurs ressources, nos colonies nous ont donné sans compter le sang de leurs tirailleurs, le travail de milliers d'ouvriers employés dans nos usines de guerre, et les produits les plus variés de leurs sols et de leurs climats divers, elles ont attesté une telle solidarité avec la mère patrie, qu'elles sont vraiment apparues comme la chair de sa chair. Il y a aujourd'hui une France des cinq parties du monde, une France formant un seul bloc, comme un métal forgé par le fer et par le feu ; détacher une partie de ce bloc ruinerait l'homogénéité de ce métal pur, en dissocierait les molécules : sa résistance, sa solidité seraient profondément altérées.

Or, dans cette France totale, ce n'est pas au sol métropolitain que paraît réservé le plus bel avenir. Le terroir de la France, que les étrangers comparent volontiers à un jardin, ne permet pas d'étendre ni de varier considérablement les cultures qu'il porte déjà comme le manteau somptueux, diapré et changeant des saisons. Sans doute, par un meilleur emploi des engrais, par une amélioration de l'outillage agricole, nous est-il permis d'espérer un meilleur rendement des terres déjà cultivées, mais cette amélioration ne se chiffrera que par un pourcentage relativement faible des résultats déjà obtenus.

Plus large est certainement la marge de progrès à réaliser par les techniciens de l'industrie : par un meilleur aménagement de nos usines, par une plus adéquate économie (au sens grec de ce mot) nous pourrions arriver à résoudre cette équation qui semble un paradoxe : vendre meilleur marché, tout en élevant les salaires. Problème et non paradoxe, disons-nous ; ne voyons-nous pas les Américains, tout en payant leurs ouvriers cinq ou six fois plus que ne le sont les nôtres, vendre certains produits 40 pour 100 moins cher que les produits français? Transformation rationnelle de nos usines, et non seulement de leur outillage, mais de leur aménagement, et surtout meilleure répartition du travail, tels sont les efforts que nous devons accomplir pour améliorer la production industrielle nationale. Efforts lents qui se heurteront à bien des obstacles : routine, mystiques politiques diverses, aussi bien chez les ouvriers que chez les patrons. Nous ne sommes pas encore en mesure de voir dans la majorité des usines le prix de revient du « travail heure », calculé comme celui du kilowatt heure de force ou de lumière ; et tous ces efforts, même rendus plus intenses, seront seulement productifs : ils ne seront pas décisifs pour notre relèvement national.

Où trouver, non des améliorations limitées dans le temps et dans l'espace, mais un jaillissement de multiples et intarissables forces vives, sinon dans la France coloniale? Elle seule nous offre l'étendue et la variété : étendue des terres fertiles, variété des cultures. Seules les vastes régions où la propriété n'est pas morcelée à l'infini permettent la mise en œuvre des puissants outillages modernes qui décuplent la production et sont ainsi rapidement amortis. Seules, des terres aussi variées dans leur fécondité, seuls, des climats aussi différents peuvent nous donner les matières premières si diverses qu'exige la civilisation contemporaine. Depuis deux siècles l'Européen n'a pas cessé d'élargir le cercle de ses besoins : les Français d'aujourd'hui dépensent chaque année en café, en cacao, en tabac des sommes formidables, supérieures à ce que coûtait jadis une campagne de guerre du roi Soleil ; pour nous vêtir, la soie et le coton ont conquis peu à peu la place réservée aux vieux textiles la laine et le lin. Le pétrole et le caoutchouc sont désormais les rois de l'industrie des transports : l'homme, dans sa recherche inlassable du bien-être, s'est emparé de toutes les productions du monde, il les a asservies à ses besoins, mais il est devenu leur esclave aussitôt même qu'il les a ravies.

La plus grande France contient tout ce qu'exigent nos goûts et nos industries : des esprits chagrins diraient tout, excepté des bras pour faire jaillir ces richesses. Cela n'est pas exact : d'abord il y a 60 millions d'êtres humains dans les colonies françaises, ensuite il dépend de nous, de notre science, de notre dévouement de voir ce nombre se multiplier en quelques années si nous savons sans retard et sans répit poursuivre la lutte contre les maladies qui déciment nos frères des continents lointains : les pires fléaux qui les ravagent ont déjà été vaincus par notre glorieux Institut Pasteur. Une maternité, un centre de vaccination établis aujourd'hui dans la brousse nous donneront chaque jour l'effectif travailleur d'une usine puissante, d'une vaste exploitation agricole. A ces troupes pacifiques la métropole doit fournir des cadres de techniciens ; il lui appartient également de leur fixer les buts qu'elles doivent atteindre (c'est-à-dire la mise en valeur de toutes les richesses qui peuvent jaillir du sol) et de les doter à cette fin de tout l'outillage nécessaire. Les diverses races qui peuplent nos colonies sont d'une fécondité vivace, qui peut nous donner une main-d'œuvre abondante, si nous savons lutter contre la mortalité infantile, contre tous les maux que traînent encore après elles l'ignorance et la superstition. Là, les unions ne se fondent pas sur la dot ou les convenances, elles ont pour but la libre propagation de l'espèce, et doivent l'assurer si nous savons avant tout développer la plus belle richesse coloniale : l'être humain, bras robustes, cœur loyal, intelligence que nous éclairerons peu à peu.

Telles sont les raisons pour lesquelles nous devons garder nos colonies, comme la plus précieuse de nos valeurs d'avenir et en souvenir aussi des heures douloureuses où elles ont été le vrai prolongement de la métropole envahie ; on ne vend pas ses frères, surtout ses frères d'armes ; nous voudrions même qu'en souvenir du sang versé en commun, on ne répétât plus cette expression « domaine colonial de la France », une de celles dont on use et abuse sans bien voir tout ce qu'un tel « cliché » peut avoir de choquant pour la réflexion. Nos colonies ne sont pas un « domaine » agricole plus ou moins cultivé, une propriété plus ou moins importante dans l'actif de notre pays : elles sont vraiment la partie la plus féconde et la plus sacrée de notre formation territoriale ; c'est grâce à elles que la France, malgré ses blessures mal fermées, est encore une nation mondiale, et non pas une petite nation européenne, une sorte de « réserve touristique » pour tous ceux qui sont en mesure de profiter de sa détresse financière après l'avoir en partie déterminée.

Cet état de choses nous trace tout un programme à la fois moral, économique et financier. Programme triple et non trois programmes, action aux formes diverses mais étroitement liées, progressant avec unité dans ces divers domaines : essayons de le définir.

1º *Programme moral.*

Notre premier devoir envers les indigènes de la France totale est de les gouverner avec humanité. Nos administrateurs coloniaux conduisent le bon combat contre tous les abus qu'exerçaient avant leur venue les chefs locaux, libres de tout contrôle, insoucieux de toute force supérieure à leur force, de toute loi assez armée pour limiter leur bon plaisir. Aujourd'hui les plus choquants de ces abus ont disparu, ceux qui insultaient le plus notre sentiment de la dignité humaine et étouffaient ce même sentiment chez les victimes de ce despotisme. Éveiller, fortifier ce sens de la dignité humaine et celui des deux grandes forces qui font le lien social, le travail et la discipline, tel doit être le but de nos efforts ; nous rendrons ainsi un meilleur service à nos administrés qu'en leur donnant le droit d'élire quelques députés coloniaux de plus.

Quelle politique indigène adopterons-nous ? Avant de la déterminer, qu'il nous soit permis de poser une affirmation : commençons par choisir *une* politique indigène. Aujourd'hui nous plaçons à la tête de nos colonies des hommes d'origine et de formation très diverses, dont certains sont des hommes politiques. Ne laissons ni aux fonctionnaires blanchis sous le harnais, ni aux gloires momentanées du Parlement que l'on charge d'un proconsulat pour les récompenser ou pour les éloigner, la liberté de choisir entièrement dans l'arsenal des principes ceux qu'ils mettront en application. Nous avons trop insisté déjà sur l'unité de cette grande France des cinq parties du monde, pour qu'il soit nécessaire de montrer le péril que ferait courir à cette machine complexe le fait d'accélérer un de ses organes, tandis que tel autre serait mis au ralenti. Nos colonies ne sont pas des champs d'expériences pour les philosophes des partis, fussent-ils couronnés de feuilles de chêne. Souhaitons donc un peu de continuité, de concordance et de régularité dans la conduite d'un organisme aussi délicat.

Aussitôt reconnue cette nécessité *d'une* politique, nous voici devant un carrefour où se dressent trois poteaux indicateurs :

Politique d'assimilation. Politique de domination. Politique d'association.

Quelle route choisirons-nous?

Sera-ce la politique d'assimilation? Mille souvenirs confus de l'humanisme, du classicisme, du romantisme ont conseillé cette voie à des âmes généreuses de chez nous. Nous aimons à légiférer dans l'abstrait : jadis, les conventionnels lançaient avec sérénité des décrets valables pour l'humanité entière, et nous donnons encore en France, dans nos programmes d'enseignement, beaucoup plus de place à l'histoire de la Convention qu'à la géographie et à l'ethnographie. Or, ici, il ne s'agit ni d'éloquence, ni d'histoire, mais de la connaissance des êtres pour qui nous prétendons légiférer. Les peuples entrés depuis cinquante ans dans la grande famille française portent encore en eux toute la charge de leurs traditions, de leurs hérédités les plus diverses. Certains, comme les Asiatiques, ont beaucoup plus que nous le sens de la vie collective et attachent moins de prix que nous aux droits de l'individu. « La nature ne fait pas de saut, » disaient les vieux philosophes ; c'est par des variations lentes, prudentes, que nous modifierons peu à peu, s'il y a lieu, ces « mentalités primitives » sur lesquelles M. Lévy-Bruhl a écrit un livre si riche d'observations ; ce n'est pas à coups de décrets, même généreux, que l'on peut modifier les traditions, les formes de civilisations élaborées par les siècles. On ne peut pas les changer plus vite que la couleur de la peau d'une race. Et pourquoi tant désirer les changer? La force du monde est dans sa variété.

Choisirons-nous la politique de domination? C'est la méthode anglaise : le monde, aux yeux des Britanniques, est un vaste jardin destiné à fournir au Royaume-Uni tout ce qu'une nature ignorante a refusé aux usines de Liverpool et de Manchester. Les races humaines qui peuplent ce jardin n'ont guère plus d'importance que les races animales : on les désigne toutes du même mot : ce sont des « natives ». Les traits communs de tous les natives consistent à se laver peu, à ne pas se mettre en smoking pour dîner et à faire preuve d'une mauvaise volonté incurable pour apprendre la langue de Shakespeare. Crimes impardonnables. Au total, ces êtres sont moins intéressants que les animaux du « zoo », car le véritable sujet de Sa Majesté britannique est moins curieux de psychologie que de zoologie, il ne se préoccupe aucunement de ce que peuvent penser les cerveaux de ces millions d'hommes qui vivent sous le drapeau de l'Union ; il ne s'en préoccupe même pas assez : bien des soulèvements se préparent peut-être dont « l'Intelligence Service » pourra signaler les prodromes sans que les ministres de Sa Majesté s'en émeuvent ; nous savons mieux que personne avec quelle lenteur les Anglais comprennent les dangers internationaux.

On peut être propre, aimer la savon, le bain, le thé, sans croire pour autant qu'un corps bien lavé suffise à faire une âme supérieure.

A nous, Français, qui nous attachons moins à ces formes extérieures, il semble que la politique de domination ne se justifie plus ; les peuples divers nous paraissent assez organisés pour mériter dans une large mesure le respect : les uns ont un passé millénaire dont il est facile de retrouver dans les villes, ou même quelquefois dans la jungle, les monuments grandioses ; les autres, les primitifs, ont droit à cette attention respectueuse que le poète latin exigeait en faveur des enfants.

Il ne nous reste plus qu'une voie : la politique « d'association ». A vrai dire, ce mot ne saurait entièrement nous satisfaire, tant il est vague, tant il a besoin d'être défini. Faut-il entendre que nous associerons les indigènes à toutes les formes de notre activité ? Ce serait une naïveté bien imprudente. S'ils ont des droits, nous en avons aussi ; généralement nous sommes venus chez eux pour accomplir une œuvre de pacification et de progrès : nous avons mis fin à la piraterie qui ravageait l'Indochine, aux exactions des mandarins ; en Afrique, aux razzias de Samory, d'Ahmadou, de Rabah. Le second empire colonial du monde a été acquis en quelques années par une poignée d'hommes au cœur bien trempé, au cerveau clair, à la volonté audacieuse et tenace. Ceux-là ont établi le prestige du blanc aux yeux de toutes les races du monde : leurs prodigieux exploits ont conquis, mieux que les terres, les âmes, les ont pliées à l'obéissance, à la discipline. Nulle preuve plus belle de ce consentement que ces armées indigènes, formées des adversaires de la veille, tirailleurs tonkinois, sénégalais, malgaches, goumiers algériens et marocains que nos officiers ont su former, entraîner derrière eux, dévoués jusqu'au suprême sacrifice. A toutes ces races, nous sommes apparus comme *des chefs;* elles ne nous estimeraient plus si nous désapprenions l'art de commander. Ne renonçons pas bénévolement au rôle qui fait notre prestige et justifie notre présence : maintenir l'ordre et la discipline, réprimer les abus, contrôler les chefs indigènes. Réservons-nous entièrement la direction supérieure ; laissons aux autorités locales et traditionnelles, dans leur sphère, le soin des intérêts matériels du pays.

Ce principe, observons-le dans sa généralité, et ne cherchons point, par esprit de symétrie, à lui donner partout les mêmes applications : les conseils de notables en Annam, à Madagascar, où ils existaient de longue date avant notre venue, pourront exercer des pouvoirs plus étendus que telles assemblées du même nom en Afrique occidentale ou en Afrique équatoriale. « La symétrie, fausse fenêtre », disait Pascal.

Nous pourrions ainsi définir la politique d'association : le souci de développer l'indigène sur son plan, sans l'introduire sur le nôtre. Efforçons-nous de le rendre plus libre, plus fier, plus confiant dans sa dignité, mais sans fausse idée aristocratique de classe ; fondant notre politique sur des observations précises et non sur des doctrines *a priori*, ne l'invitons pas à s'asseoir auprès de nous, aussi longtemps qu'il se sentirait gêné par cette faveur.

Au reste, la nature ne nous donne-t-elle pas les meilleurs exemples de cette méthode? Ce n'est que lentement que le milieu agit sur les espèces en voie d'évolution ; quand on songe aux siècles qu'il a fallu à la race blanche pour faire, une à une, les conquêtes successives dont notre civilisation est la somme, nous sommes conduits à considérer avec beaucoup de modestie et de prudence l'œuvre d'éducation que nous pouvons poursuivre en quelques générations auprès des races primitives, et nous sommes engagés par là à agir comme si les espèces humaines étaient fixes ; leurs transformations sont si lentes qu'elles équivalent à une fixité relative à respecter.

De cette politique d'association, la Hollande nous a donné aux Indes néerlandaises des exemples pleins de sagesse. Beaucoup de fonctions sont confiées aux indigènes, mais dès que la mission des fonctionnaires indigènes ne se borne plus à gérer les besoins courants du pays, ils sont doublés, discrètement dirigés par un administrateur européen, qu'ils traitent de « frère aîné ». L'œuvre séculaire accomplie par la Hollande aux Indes néerlandaises et qui a produit dans l'ordre économique les admirables résultats que l'on connaît, à la fois pour cette colonie et pour sa métropole, mérite d'être étudiée par nous avec la plus grande attention au point de vue politique ; elle a atteint, en effet, le résultat même que nous devons nous proposer : la prospérité dans la sécurité.

Telles nous paraissent devoir être les grandes lignes de notre politique coloniale : il est temps de ne plus affirmer seulement par des discours, des articles et des banquets le rôle que nous voulons jouer dans cette France des cinq parties du monde ; il est grand temps que, sur le plan administratif, nous adoptions *une* politique à la fois suivie, souple et cohérente ; il est temps, grand temps que le public métropolitain *sente, voie* la place occupée par la métropole dans cette plus grande France, que des institutions agissantes, installées dignement à Paris et dans nos grandes villes, nous donnent la leçon de choses permanente et éloquente que fournissent à Londres les Offices de l'Inde, à Whitehall et à Grosvenor Gardens ceux des hauts commissaires des Colonies et des Dominions, dans le Strand, Trafalgar Square et Victoria Street, ou l'Institut impérial de South Kensington. C'est à peine si une ou deux colonies possèdent à Paris des agences économiques installées d'une façon décente. Mais nous n'avons pas de musée colonial (on ne saurait donner ce nom à la nécropole du Palais-Royal où quelques lézards baignent dans des saumures malpropres). L'Italie en a créé un, admirablement présenté, dans le palais de la Consulta, à une largeur de rue du Quirinal. La France est la deuxième

puissance coloniale du monde : elle ne semble pas
en avoir la conscience et encore moins la fierté.

2° *Programme économique.*

Cette conscience coloniale, il n'est pas moins
nécessaire de l'éveiller au point de vue économique
qu'au point de vue politique. Bien des idées
fausses ont cours dans le public français au sujet
des services matériels que nos colonies peuvent et
doivent nous rendre. Beaucoup de nos compatriotes voudraient encore, comme au temps du
« Pacte colonial », réserver à la métropole la tota-
lité des productions coloniales et faire de nos
colonies un marché réservé aux produits de nos
manufactures. Il n'est pas besoin de montrer
combien une telle conception est contraire à la
thèse que nous soutenons dans le présent article :
en rejetant toute politique de domination, nous
avons implicitement condamné tout retour au
principe du « Pacte colonial ».

Mais de même que nous avons, au point de vue
politique, souhaité pour la France un rôle de direction générale et de contrôle fondé sur notre prestige, sur les sacrifices consentis et les services
rendus, pareillement et pour les mêmes raisons,
nous devons désirer que la métropole soit, au point
de vue des échanges commerciaux, le client et le
fournisseur principal de nos colonies, dans la
mesure où la distance ne met pas obstacle à ces
échanges.

Certaines colonies ont, en effet, un commerce
autonome à favoriser sans aller jusqu'à une sépa-

ration économique. Tel est le cas de l'Indochine :
son éloignement lui interdit d'envoyer à la métropole les matières premières dont le prix de transport rendrait le prix de vente en France prohibitif.
(Relevons en passant une expression impropre
dont on a abusé au sujet de l'Indochine : on l'a
qualifiée souvent de *métropole seconde*. Il n'y a
cependant, il ne peut y avoir qu'une métropole,
comme dans un être vivant il n'y a qu'un cœur
distribuant le sang aux membres divers.) Certaines
personnes ont demandé pour l'Indochine l'au-
tonomie douanière ; une semblable réforme nous
semble un danger, ce serait introduire l'anarchie
dans un corps qu'il s'agit d'unifier. Nous estimons
que la réforme du régime douanier colonial doit
consister dans une amélioration du système des
dérogations au tarif général. Si les demandes de
dérogations pouvaient être rapidement examinées
et réglées par un service qualifié de la métropole,
le régime douanier de nos différentes colonies aurait toute la souplesse voulue, et les intérêts du
commerce seraient sauvegardés. Au nom du
même principe, de cette unification à rendre
chaque jour plus solide entre les diverses parties
de la France totale, nous devons souligner l'ano-
malie d'un régime monétaire spécial à l'Indochine.
Sans doute, en conservant une monnaie saine, la
piastre, lingot d'argent, à l'heure où la France
connaissait tous les ravages de l'instabilité monétaire, notre grande colonie d'Extrême-Orient a
été préservée d'un désordre et d'une ruine que
son concours sur le terrain monétaire n'eût cer-

tainement pas suffi à nous épargner ; aussi peut-on à certains égards qualifier d'heureuse cette exception. Mais, tout de même, il reste choquant que l'Indochine, se trouvant ainsi hors du circuit national, la métropole ne profite, pour son propre change, du cours privilégié de la piastre que dans la faible mesure des sommes rapatriées et en pâtisse pour le reste. Il reste à souhaiter qu'une prochaine stabilisation définitive du franc permette d'établir alors un rapport fixe entre celui-ci et la piastre (comme entre la roupie et la livre sterling) et qu'enfin, à l'unité de drapeau réponde l'unité de monnaie.

Ces considérations nous aident à concevoir les trois nécessités qu'il importe de concilier : le développement de nos colonies, le ravitaillement de la métropole en matières premières, le progrès de nos industries d'exportation. Telles sont les trois conditions du problème à résoudre à la fois. La difficulté n'est pas insurmontable si, ici encore, on veut bien opérer suivant *un plan* soigneusement préparé et suivi avec ténacité. Jamais ce programme n'a été établi d'une façon pratique et précise. M. Albert Sarraut avait eu le mérite d'apporter une excellente base de travail : le Parlement à pris le temps de vider bien des interpellations, mais n'a jamais trouvé celui d'examiner le projet de l'ancien ministre des Colonies.

Ce programme devrait, selon nous, être composé sur le même plan que les devis de travaux présentés aux administrateurs d'entreprises privées, c'est-à-dire en tenant compte, d'abord, des besoins à satisfaire dans leur ordre d'urgence, du temps nécessaire pour obtenir les premiers résultats et des crédits disponibles pour couvrir les dépenses. Peu nous importe que la France se suffise en vanille et en poivre, quand elle achète tous les ans à l'étranger pour neuf milliards de francs de matières premières nécessaires à ses industries textiles. L'ordre d'urgence et d'importance de nos besoins étant fixé, appliquons-nous à les satisfaire dans le minimum de temps, à l'aide des sommes dont nous pouvons disposer. A l'heure actuelle, nous ne sommes plus assez riches pour entreprendre des travaux longs et coûteux : il nous faut le maximum de rendement dans le temps le plus court. Ce programme devra être exactement chiffré en fixant la répartition des dépenses entre les colonies diverses, la métropole, et, s'il y a lieu, les initiatives privées.

3° *Programme financier.*

Nous sommes ainsi conduits, à dire quelques mots des méthodes financières à employer pour assurer la mise en valeur de nos colonies.

Contrairement à une opinion trop répandue, la période de crise que nous traversons, loin de nous interdire de consacrer une partie de nos ressources à développer nos colonies, doit au contraire nous inciter à cet effort. La restriction est louable comme effort de discipline et de sage économie, mais c'est bien plutôt en produisant qu'en rognant que nous sortirons de la crise. Économisons parce que nous sommes devenus pauvres et avons à refaire notre épargne, mais surtout produisons davantage. Ce n'est pas tant en achetant un complet veston de moins par an que nous relèverons efficacement notre balance commerciale, c'est surtout en produisant nous-mêmes dans nos colonies la laine que nous achetons à l'Australie et à l'Afrique du Sud. En période de crise, il ne faut pas trancher dans les dépenses rémunératrices et fécondes, il convient de réserver toute son énergie à comprimer les dépenses qui ne rapportent rien. Tout ce que nous avons dit sur la fécondité de nos colonies, sur la variété de leurs produits, nous dispense de revenir ici sur l'urgence d'obtenir d'elles, justement parce que la France est momentanément appauvrie, l'aide la plus large et la plus efficace.

Par le mot aide, nous voulons dire aide économique et non pas aide financière. A l'heure actuelle, au budget de chacune de nos grandes colonies, figure un chapitre intitulé « contribution de la colonie aux dépenses du budget métropolitain ». Cette contribution est fondée, en droit et en raison, sur un principe légitime ; il est juste que les colonies consacrent une partie de leurs ressources à alléger l'effort fiscal des contribuables français et contribuent aux dépenses du pays qui leur a apporté les bienfaits de l'ordre et de la civilisation. Mais si, laissant ce point de vue théorique, nous regardons le rendement des quelques millions ainsi apportés au budget métropolitain par les budgets de nos colonies, nous serons forcés de reconnaître que quelques dizaines de millions dans un budget d'une quarantaine de milliards ne sont rien pour la France, une goutte d'eau qui s'évapore sur une plaque surchauffée. Mais quelques dizaines de millions de plus chaque année en Afrique occidentale française ou en Indochine, ce sont des voies ferrées nouvelles, des irrigations nouvelles, des hôpitaux nouveaux, ce sont des hommes et des richesses de plus. La véritable contribution des colonies en faveur de la métropole, c'est de développer, avec *toutes leurs ressources*, l'amélioration de leur « équipement », de leurs travaux publics, de leur outillage agricole et industriel.

Où trouver les ressources financières nécessaires à la mise en valeur de nos colonies? Ce n'est guère dans le budget métropolitain où nous voudrions voir cependant, pour les raisons qui précèdent, des crédits affirmant la volonté nationale de sauver le pays par un effort colonial productif. C'est déjà davantage dans les budgets locaux, dont les recettes dans beaucoup de cas peuvent être largement améliorées, encore qu'il ne faille imposer des charges nouvelles aux colons qu'avec une extrême prudence ; mais par exemple le Chinois qui s'enrichit si vite et si grassement en Indochine, grâce à la paix française et à toute notre organisation économique, que verse-t-il au budget de la colonie? Mais c'est surtout aux Français de France qu'il faut s'adresser en les encourageant à investir leurs capitaux dans des entreprises coloniales. Si nos colonies avaient reçu seulement, non pas la moitié, mais le dixième des capitaux français qui ont émigré à l'étranger lors de nos crises intérieures, de grandes œuvres d'intérêt national auraient été déjà accomplies dont nous commencerions à ressentir les bienfaits dans notre économie générale. Il reste heureusement encore dans notre pays beaucoup de bons Français prêts à placer aux colonies une partie de leur épargne et même de leur patrimoine, à une condition, toujours la même, c'est qu'ils aient confiance.

Qu'ils aient confiance d'abord dans nos colonies elles-mêmes, qu'ils connaissent leurs ressources multiples, leur merveilleux avenir, et pour cela que l'école et la presse donnent à ce pays conscience de la place qu'il occupe dans les cinq parties du monde.

Qu'ils aient confiance ensuite dans les hommes appelés à recevoir et utiliser leur concours. Ces hommes existent, certains ont pu déjà, grâce au crédit qu'on leur a accordé, mener à bien de belles entreprises.

Qu'ils aient confiance surtout dans *l'ordre général* avec quoi ce vaste effort colonial sera mené. Qu'il s'agisse de programme politique, de programme économique, de programme financier, toujours le même mot est revenu sous notre plume : il faut de *l'ordre*. Si le public français a l'impression que la mise en valeur de nos colonies est voulue avec ténacité, avec méthode, avec foi par « ceux qui nous mènent », si l'État, qu'en France l'on se plaît à railler, mais vers lequel malgré tout on finit toujours par se tourner, donne l'exemple, les initiatives privées, conduites par des hommes qualifiés, ayant fait leurs preuves, trouveront dans ce pays tous les capitaux nécessaires, et peu à peu cette France des cinq parties du monde affirmera son unité, sa force et sa fécondité. Le rayonnement de la patrie se fera plus éclatant, plus vivifiant, sur ces terres françaises, terres sur lesquelles le soleil ne se couche jamais.

CHAPITRE II

Lorsqu'en 1561 une association de commerçants marseillais, voulant mettre à profit les divers avantages concédés à la France par les Capitulations, vint fonder un comptoir sur la côte nord-africaine, elle donna à ce premier établissement le nom significatif de *bastion de France.*

Comme ces mots, aujourd'hui encore, sont riches de sens et de sagesse : *l'Afrique du Nord bastion de la France,* et comme la pensée de ces Français de jadis nous paraît clairvoyante dans sa prescience du rôle historique réservé à la Méditerranée, mer qui ne sépare pas, mais qui unit, mer qui invite les plus audacieux, les plus forts de ses riverains à aller « plus oultre », comme on disait jadis !

Dans la suite des siècles, voici venir sur les rivages de l'Afrique Mineure les légers vaisseaux des Phéniciens et les lourdes galères de Rome ; pour Rome aussi l'Afrique fut un bastion nécessaire ; la République se sentit incertaine de ses destinées tant que Carthage menaça la Sicile et tint sous sa domination plus de trois cents villes sur la côte africaine ; ce fut un duel à mort qui dura près de cent ans, jusqu'à la destruction complète du repaire d'où s'était élancé Annibal.

Bastion encore, aux yeux des rois normands de Sicile du douzième siècle, bastion toujours dans la pensée de Charles-Quint, le seul souverain chrétien qui ait tenté une lutte puissante contre l'Islam, la rive sud de la Méditerranée n'a jamais cessé de jouer ce rôle stratégique. Mais à chaque tentative nouvelle, l'Europe finit immanquablement par échouer dans ses efforts pour dominer entièrement cette mer, et depuis le seizième siècle, en souvenir peut-être de ces insuccès mêmes, aucune grande entreprise n'est plus tentée dans cette voie : les « expéditions punitives » de Beaulieu-Persac, Razilly, Duquesne et Tourville pour la France, d'O'Reilly pour l'Espagne, ne sont que des raids sans lendemains, et jusqu'au début du dix-neuvième siècle les Barbaresques écument presque impunément les flots bleus de la Méditerranée. Seules luttent contre eux sans succès décisif, mais non sans honneur, les galères de Malte, sur lesquelles périrent bravement tant de cadets de la noblesse française.

Ce défi à l'Europe reste porté jusqu'au dix-neuvième siècle. Après divers incidents pénibles, Bonaparte gronde. Il écrit au Dey d'Alger en 1802 : « Si vous ne réprimez pas la licence de vos ministres, qui osent insulter mes agents, et de vos bâtiments qui osent insulter mon pavillon, je débarquerai 80 000 hommes sur vos côtes et je détruirai votre régence. » Jeanbon Saint-André qui a été consul à Alger (1796 à 1798) le renseigne.

Napoléon envoie en mission secrète le commandant du génie Boutin qui lui fournit le 1er mai 1808 le compte-rendu d'une « reconnaissance générale des villes, forts et batteries d'Alger, pour servir au projet de descente et d'établissement définitif dans ce pays. » Ce mémoire prendra à juste titre une importance capitale aux yeux du marquis de Clermont-Tonnerre, ministre de la Guerre en 1827, lorsque la France devra songer à une expédition à la fois militaire et navale contre Alger. Car l'Empereur ne put réaliser lui-même ce grand dessein, et si la répression de la piraterie barbaresque fut une des préoccupations du congrès de Vienne et des conférences de Londres, aucune entente ne put s'établir entre les Puissances pour faire cesser ce scandale, tant chacune d'elles tenait avant tout à augmenter son propre prestige.

La plus intéressée à la solution de ce problème était, avec la France, l'Angleterre ; c'était aussi la plus susceptible ; elle ne concevait qu'une expédition navale où les vaisseaux des autres nations fussent passés sous le commandement d'un amiral anglais. Il ne fallait lui parler ni d'une résurrection de l'ordre de Malte, ni d'une division de la Méditerranée en secteurs, où chacun eût fait sa police. Ce fut à nos diplomates, plus qu'à nos marins, de louvoyer pour éviter de servir de jouets à l'orgueil britannique. Orgueil qui n'allait pas au reste sans connaître quelques mécomptes, comme les maigres résultats du bombardement d'Alger par lord Exmouth, le 27 août 1816. Cette dernière expérience ne fut perdue ni pour le Dey, qui se crut invincible, ni pour la France qui, entre l'affront du chasse-mouches (30 avril 1827) et le débarquement de Sidi-Ferruch (14 juin 1830), passa trois années à hésiter sur la mesure de force à choisir et se contenta d'exercer un blocus pénible et peu efficace.

Notre action en terre africaine fut donc l'aboutissement d'une longue série de négociations et d'incidents plutôt que le premier acte d'une politique nouvelle de colonisation. Le ministère Polignac n'adopta le projet d'une expédition militaire que pour se concilier l'armée et faire accepter par le pays le coup d'État qu'il préparait. Les événements de Juillet ne lui permirent pas d'utiliser à cette fin le bénéfice du succès, et force fut au nouveau régime, malgré toutes les répugnances qu'il avait manifestées contre cette aventure, de continuer la partie commencée. L'effectif des troupes, réduit à 9 000 hommes en 1832, fut porté successivement jusqu'à 107 000 hommes en 1837. L'armée tenait à sa conquête, peu à peu s'éveillaient en France une conscience, une vocation coloniales. Les chambres de commerce organisaient des pétitions pour garder notre prise; en 1834, une commission d'enquête se prononçait pour le maintien de l'occupation ; le 30 avril 1835 la Chambre acceptait cette conclusion, et Bugeaud, qui, en 1837, était encore, comme député, hostile à cette conquête, sut, après avoir organisé une véritable armée coloniale, conquérir peu à peu le pays par les méthodes les plus nouvelles et les plus sûres.

Il ne tint pas à lui, après sa victoire de l'Isly, après le brillant fait d'armes du prince de Joinville à Mogador, que la France étendît sa domination jusqu'à l'empire du Moghreb, jusqu'à l'océan Atlantique. L'Angleterre ne put reconnaître nos succès, sans les limiter à l'Algérie seule (traité de Tanger, 16 septembre 1844). Mais une logique plus forte que toutes les susceptibilités internationales devait nous pousser, dès lors, à étendre notre occupation, à ne tolérer aux confins de notre nouveau domaine, ni la venue d'une autre grande puissance européenne, ni le maintien d'un foyer de fanatisme et de rébellion. Ce fut cette logique des choses qui nous conduisit en Tunisie en 1881, au Maroc de 1902 à 1912. Il n'entre pas dans le cadre de cet article de rappeler les étapes de cette progression constante, elles sont d'ailleurs bien connues de tous, le résultat seul nous importe ; le bastion de France, fondé en 1561 en terre algérienne, relevé en 1830 par nos soldats, flanqué en 1881 par notre protectorat sur la Tunisie, en 1912 par notre protectorat sur le Maroc, est devenu le vrai boulevard méridional de la métropole ; de la province d'Afrique à la Mauritanie tingitane, l'ancien bloc romain effrité par les Vandales, puis par l'Islam et les querelles de ses sectes rivales, a été reconstitué sous de glorieuses enseignes nouvelles, pour la première fois depuis quinze siècles, et cette fois encore la Méditerranée a accompli son œuvre de liaison. Que cette vision détourne notre pensée d'autres mers aux flots glauques qui peuvent être, même bien plus étroites, d'infranchissables fossés entre les peuples de leurs rives adverses.

Une telle réalisation inspire à la France une légitime fierté, et c'est sans doute ce sentiment qui a dicté à un ministre des Affaires étrangères, Delcassé, le mot célèbre : « Lâchons l'Asie, gardons l'Afrique. » Mot absurde, disons-nous, car il ne s'agit de rien lâcher, et nous avons essayé de prouver dans notre premier article la nécessité de garder toutes nos colonies ; c'est par leur situation, sous les climats les plus divers, qu'elles pourront nous fournir ces matières premières si variées, toutes également nécessaires aux besoins de l'homme moderne et sans quoi l'Usine-France serait obligée de fermer. Mais mot explicable par un légitime orgueil de l'œuvre tenacement accomplie depuis 1830 en Afrique et dont la grandeur ne se limite pas au groupe Algérie, Tunisie, Maroc.

Comme la France métropolitaine, la France africaine du Nord présente un aspect de variété dans l'unité. Unité ou tout au moins fusion déjà ancienne entre les populations qui l'habitent. Berbères autochtones, descendants des premières invasions arabes du septième siècle, de l'invasion turque du seizième. Comme dans la France d'Europe, ces races diverses parlent en majorité la même langue et suivent la même religion. Nous avons respecté cette religion ; de Léon Roches qui obtint la fameuse Fatiha, au maréchal Lyautey et à M. Steeg, notre politique à l'égard de l'Islam a été toujours respectueuse et libérale. Dans ce pays où de tout temps l'esprit religieux fut individua-

liste et frondeur (qu'on se rappele la floraison d'hé-
résies qu'eurent à combattre les grands évêques de
l'Église d'Afrique, ou, après l'établissement de
l'Islam, les Khalifes Fatimites du Caire), dans cette
masse humaine profondément pénétrée aujour-
d'hui par les représentants de peuples divers qui
apportent avec eux des idées religieuses différentes,
l'unité de croyance risque moins d'entraîner les
dangers politiques éventuels que nous n'avons pas
intérêt à provoquer dans d'autres colonies africaines, l'A. O. F. et l'A. E. F., par exemple. Au
reste, une politique se juge à ses fruits ; des houblon-
nières de Wissembourg en 1870 aux trous d'obus
de Verdun en 1916, le sang des tirailleurs algériens
a coulé souvent à côté du nôtre. La révolte de Kabylie en 1871, les incidents provoqués par les Senoussistes pendant la grande guerre, ont été des
foyers de fièvre très vite limités et éteints. Les
mots d'ordre politique venus de l'Est perdent
chaque jour de leur autorité ; les Senoussistes eux-
mêmes, depuis les heureuses missions de M. Bru-
neau de Laborie, semblent orienter leur politique
dans une voie moins hostile à notre domination.

C'est plutôt l'Ouest, le Maroc, qui depuis de
longs siècles paraît devenir le foyer émetteur des
idées religieuses dans l'Afrique du Nord (le lecteur se souvient des nombreuses réformes religieuses successives toutes inspirées, comme notre
Réforme européenne, du même souci d'un redressement moral que tentèrent successivement les
Kharedjites, les Idrissites, les Almoravides, les
Saadiens). C'est par ces souvenirs historiques, par

l'examen de cette situation présente de l'Islam que la création de la Mosquée de Paris, son inauguration par notre fidèle allié des mauvais jours, S. M. le sultan du Maroc, prennent toute leur signification et toute leur portée pour l'avenir. Dans la foule brillante qui inaugurait cette mosquée, le 15 juillet 1926, qui se pressait sur ce petit coin de terre parisienne devenu un des lieux saints de l'Islam, étaient groupés des chefs syriens, tunisiens, algériens, marocains ; la plupart portaient sur leurs burnous de fine laine les étoiles et les croix glorieuses gagnées au service de la France, la tache rouge du sang versé pour nous.

Les représentants d'autres puissances coloniales ont pu avoir, à cette fête du 15 juillet, la vision directe de l'œuvre accomplie par la France en terre d'Islam ; depuis les tombeaux des chérifs saadiens à Marrakech entretenus par nos soins, jusqu'à l'Institut français de Damas, tout ce qu'il y a eu de grand et de beau dans l'histoire de l'Islam trouve en France une sympathie attentive et respectueuse. Cette sympathie se fonde sur des goûts communs, non seulement ceux de la bravoure chevaleresque, la fidélité à la parole donnée, la courtoisie accueillante de l'hospitalité, mais encore ceux des belles œuvres d'art, des architectures, savantes, des manuscrits finement enluminés, de cette musique si nostalgique et si prenante où la mélodie, la souplesse, les retours, la fluidité d'une arabesque, et enfin cet amour commun des jardins, où les fleurs sont groupées non seulement pour donner aux yeux l'harmonie des couleurs, mais aussi pour créer comme une symphonie de parfums.

A côté de cette unité, la variété n'est pas moins évidente. Variété des climats, suivant les altitudes, suivant les expositions sur l'une ou l'autre mer : climat méditerranéen le long des côtes algériennes et tunisiennes, climat atlantique le long de la côte marocaine, où le maïs pousse sans irrigation, et où souvent les brumes océanes donnent au paysage l'aspect doucement pastellisé des côtes bretonnes.

Dans les montagnes de Kabylie ou dans l'Atlas, nous retrouvons beaucoup d'essences de nos montagnes de France, tandis que les hauts plateaux algériens en libre communication avec le Sahara subissent souvent les variations rapides de température et les vents brûlants du désert. Variété des formes de vie également : groupements sédentaires et agricoles des pays de montagnes, tribus transhumantes de pasteurs, sur les hauts plateaux, populations commerçantes des villes.

Telle est dans ses caractéristiques générales cette France africaine si voisine de la nôtre. Elle peut nous rendre deux ordres de services. Les services moraux d'abord : notre France métropolitaine n'a pas été si épuisée par la guerre qu'elle soit privée à jamais de cette jeunesse qui se plaît à oser, à risquer, à vouloir. A cette jeunesse, il faut des terres libres, de vastes horizons où elle puisse se lancer, affranchie de toutes entraves étroites. Toutes les nations fortes ont des Far West. L'Afrique du Nord est un champ vaste pour l'énergie française. Elle appelle tous ceux qui n'aiment pas se sentir étouffés par leurs voisins, tous ceux qui supportent impatiemment d'être tenus en lisière sur des propriétés trop morcelées, jeunes gens qui veulent s'établir à leur compte, tenter leur chance et préfèrent être chefs de leur propre ferme que valets de charrue chez leurs parents.

Après avoir essayé sans succès une expérience de colonisation militaire, Bugeaud conçut la véritable méthode : attirer des paysans français, former par eux les cadres, l'armature de ce pays, qu'il s'agit non seulement de mettre en valeur au point de vue moral, mais de rattacher définitivement à la mère patrie. Toute ferme française vaut mieux pour la pacification, l'assimilation du pays, qu'une compagnie de soldats. Aujourd'hui, l'œuvre du maréchal, confirmée par une expérience bientôt centenaire, est reprise, continuée par le comité Bugeaud dont le fondateur et le directeur, M. Saurin, président de la Société des fermes françaises de Tunisie, est un véritable apôtre, joignant au sens national le plus élevé une expérience consommée des questions agricoles. Le meilleur colon est celui qui travaille de ses mains, celui qui enfouit dans le sol qu'il veut féconder à la fois les économies de sa jeunesse et les espoirs de son avenir, celui qui fonde en même temps une maison et une famille. A de tels hommes, que la France imprudemment, nonchalamment, a laissés en si grand nombre partir pour l'Amérique du Sud ou le Mexique, il faut l'aide des pouvoirs publics et

celle des initiatives privées : caisses de crédit agri
cole, coopératives d'achat pour les semences et
l'outillage, comme cette Association des agriculteurs de Tunisie que dirige avec tant de dévouement M. de Warren. On peut, si on le veut,
trouver tous les ans, en France et dans les
villes algériennes, quelques centaines de jeunes
ménages, courageux, pourvus déjà d'un petit
pécule et d'une bonne expérience agricole, pour
étendre cette *armature* de l'occupation française
en Afrique du Nord. Il n'est pas de devoir plus
impérieux, de mission plus noble à encourager ; à
ce prix, et à ce prix seulement, la France gardera
l'Afrique du Nord, et méritera de la garder.

Les services matériels que nous devons attendre
de cette nouvelle France ne sont pas moins variés
et moins importants que les services moraux.
Pour l'année 1925, l'ensemble de notre commerce
avec le groupe Algérie, Tunisie, Maroc s'est élevé
à un peu plus de six milliards et demi de francs,
dont un tiers fourni par les expéditions de l'Afrique
du Nord sur la France et les deux tiers par les
envois de la France à l'Afrique du Nord. Ce
chiffre de six milliards et demi représente un peu
plus de 7 pour 100 du commerce total de la France ;
cette proportion peut et doit être très largement
dépassée, en raison des immenses ressources que
nous offre cette terre, si nous savons la féconder.

Notre politique économique a varié en Algérie
suivant les périodes de notre occupation, mais
d'une façon générale on peut lui reprocher d'avoir
trop souvent cédé à des préférences exclusives

pour tel ou tel genre de culture ; il y a eu l'ère du blé, celle de la vigne, on voit poindre une ère du coton. On a trop souvent montré le danger de ces entraînements pour qu'il soit nécessaire d'insister ici sur leur péril. Péril pour les indigènes d'abord. N'a-t-on pas vu, et récemment encore, des famines tragiques dévaster l'Algérie, alors qu'elle devrait être un grenier regorgeant de blé ? Péril pour la métropole ensuite. Alors que la France s'inquiète de la « soudure » à établir entre deux récoltes pour assurer le pain de ses enfants, n'est-il pas pénible de voir acheter tant de blé à l'étranger, tandis que les blés algériens ne peuvent sortir du pays, sans doute dans la crainte d'autres disettes ?

Mêmes dangers de la monoculture pour la vigne dont un coup de siroco peut dessécher en quelques heures les grappes les plus lourdes de sève ; même péril pour le coton. Un seul moyen pour obtenir la variété des cultures qui, seule, assurera la régularité des ressources de l'Algérie et celle de ses apports à la métropole : développer les irrigations, reprendre cette politique de l'eau qui fut celle de Rome et permit de créer la richesse là même où le sable du désert s'est avancé aujourd'hui et où nous ne retrouvons plus que des ruines. Les délégations financières algériennes, à l'appel de M. Steeg, semblent être entrées résolument dans cette voie, et il est probable qu'en 1930, lors des fêtes du centenaire, l'Algérie pourra montrer à ses visiteurs un vaste ensemble de travaux hydrauliques, portant la vie sur des centaines de milliers d'hectares. Ces eaux, captées ou retenues par d'immenses barrages, l'industrie les utilisera comme l'agriculture. Elles permettront d'intensifier l'équipement électrique de ces vastes domaines où il est possible d'employer un outillage perfectionné et où déjà souvent l'on voit mouvoir électriquement les pressoirs à raisins et à olives. Dans ce pays pauvre en charbon et en pétrole, l'eau seule donnera à la fois la force et la fécondité.

Toutes les considérations qui précèdent au sujet de la colonisation et de l'agriculture sont valables à la fois pour les trois pays qui composent l'Afrique française du Nord. Aussi faut-il louer l'habitude prise depuis quelques années par les chefs suprêmes de notre administration en Algérie, en Tunisie et au Maroc, de se rencontrer périodiquement pour élaborer ensemble un programme d'action commune pour tout ce qui intéresse à la fois les trois gouvernements. Ainsi s'affirme au-dessus des intérêts particuliers de chaque pays, intérêts où se reflète la variété si précieuse, si nécessaire à maintenir, des ressources et des possibilités de chacun, ce souci d'unité qui haussera notre politique à la grandeur de l'œuvre digne d'être accomplie.

A côté des productions agricoles de l'Afrique du Nord, blé, vigne, coton, tabac, cultures maraîchères, fruits des vergers d'orangers, de mandariniers, d'oliviers et des oasis de dattiers, il convient de mentionner ses richesses forestières : forêts de chênes-liège de la Kabylie, forêts de cèdres de l'Atlas, qui seront, sous la direction si avisée de nos forestiers, une richesse sans cesse renaissante sur cette terre où l'Arabe a détruit tant de bois. Nous devrions dire aussi le nombre de ses troupeaux et la contribution précieuse qu'ils apporteront à l'industrie lainière de la métropole, le jour où, par une sélection judicieuse des espèces, par une préparation soigneuse des toisons, les laines nord-africaines seront aussi recherchées que celles de l'Australie, de l'Argentine ou de l'Afrique du Sud.

Mais ce sol africain qui nourrit tant d'espèces végétales et animales recèle aussi sous forme de mines des trésors dont l'exploitation sera pour la France un puissant moyen de relèvement économique et financier. Grâce à l'Afrique du Nord, la France est devenue le plus grand producteur de phosphates du monde. En 1925, cette production a dépassé 4 millions de tonnes. Ensuite viennent le fer dont l'Algérie a exporté l'an passé plus de seize cent mille tonnes et la Tunisie près de 800 000 tonnes, le zinc dont les deux pays ont produit près de 62 000 tonnes, le plomb plus de 52 000, le cuivre 3 000 tonnes environ. Il est probable, étant donné sa formation géologique, que l'Atlas marocain réserve aux prospecteurs expérimentés les plus heureuses surprises.

Tel est l'état présent de la production dans cette région fortunée. En Algérie et en Tunisie, elle s'est développée lentement avec les progrès réguliers de notre organisation administrative ; au Maroc, le départ fut plus brusque et plus brillant, trop hâtif en apparence, car, à côté des villes

surgies magiquement du sol, l'outillage économique du pays : chemins de fer, ports n'avait pu
être réalisé dans le même délai aussi rapide. Il
en est résulté une crise dont on peut, dès maintenant, escompter la fin, lorsque toutes les artères
de cet organisme neuf battront du même rythme.
Et dans un prochain avenir on ne pourra plus
reprocher aux premiers animateurs d'avoir su
« voir grand ».

L'avenir ! pour le concevoir, on peut si l'on est
sensible à la voix des chiffres, prolonger par la
pensée les courbes amorcées ; on peut aussi regarder une carte et méditer sur le sens des courants de
vie que tracent les voies nouvelles. Cet océan de
sable que les Romains avaient su faire reculer
devant les eaux jaillies de leurs aqueducs, cette
mer infertile devant laquelle se sont longtemps
arrêtés nos soldats jusqu'au jour ou un Laperrine
eut l'audace d'y établir des lignes fréquentées,
le Sahara va-t-il longtemps isoler l'Afrique du
Nord, l'Afrique Berbère, l'Afrique blanche, du
reste du continent noir? Nous nous refusons à le
croire ; à mieux l'observer, nos officiers nous l'ont
montré traversé de caravanes incessantes, animé
de courants d'échanges chaque jour plus actifs
et mieux connus.

Ce sont en partie ces chemins qu'ont suivis des
raids automobiles fameux. Grâce à ce merveilleux
engin de reconnaissance coloniale : l'automobile,
il est désormais infiniment aisé d'étudier le tracé
de ce chemin de fer dont le Conseil supérieur
de la Défense nationale a proclamé l'utilité,

dont des techniciens éminents ont étudié le coût d'établissement et le rendement assuré. Tous se sont prononcés pour la mise en chantier de cette entreprise. Elle n'est une chimère que pour l'ignorance. Au point de vue politique, seul le rail nous assurera des communications libres, rapides, avec l'Afrique Occidentale Française. N'oublions point que pendant de nombreuses années, nous n'aurons pas de marine véritablement digne de notre empire colonial, et d'ailleurs combien de kilomètres de chemin de fer ne pourrait-on construire pour le prix d'un grand croiseur, usé ou démodé en dix ans? N'oublions pas qu'à partir de 1935, où cesseront peut-être toutes nos faibles sauvegardes sur le Rhin, la natalité allemande pourra, par le seul jeu de sa masse, écraser la faible natalité française. Au point de vue économique, sachons comprendre que la vallée du Niger est susceptible de nous fournir tout le coton, toutes les arachides, toutes les laines que demande la France.

Un chemin de fer qui atteindrait le sommet de la boucle du Niger vers Tosaye et de là rayonnerait vers la Haute Volta d'une part, vers le Tchad d'autre part, serait une artère de vie puissante, car elle couperait des degrés de latitude très divers, c'est-à-dire des cultures très variées, et permettrait ainsi de multiples échanges. Ce serait en fin de compte le meilleur moyen d'assurer cette unité vers laquelle tendent nos diverses possessions d'Afrique, désir qui s'est si heureusement affirmé à la dernière conférence nord-africaine où sont désormais invités à siéger les représentants des gouverneurs généraux de l'Afrique occidentale et de l'Afrique équatoriale françaises.

Et peut-être ce désir d'unité dans la variété, ce besoin d'une force permanente à côté de notre souplesse d'esprit respectant, aimant la diversité des pays et des peuples, sont-ils parmi les traits distinctifs du génie français. L'histoire nous montre le lent et persévérant effort de nos rois faisant la France province après province, par héritage, par achat, après bataille, en respectant les coutumes, les parlers locaux, en ne luttant que contre ce qui pouvait être un ferment de haine ou de discorde, et ainsi s'acheva cette France du dix-septième siècle, harmonieuse comme Versailles, qui tint si longtemps la première place en Europe. Suivons le même génie pour la France des cinq parties du monde, qu'il convient désormais d'éveiller à la conscience de sa grandeur.

CHAPITRE III

LA FRANCE NOIRE

I. *Afrique occidentale française.*

Entre la France africaine du Nord (Algérie, Tunisie, Maroc) et la France noire du Niger, du Tchad et du Congo, le Sahara fut longtemps pour les Européens une barrière à peu près infranchissable. La rareté et la médiocrité des puits, la lenteur des caravanes, les rencontres fréquentes avec les pillards rendaient la liaison par terre à la fois pénible et dangereuse. Aussi toute notre pénétration vers l'Afrique centrale s'est-elle poursuivie en partant des côtes de l'Atlantique, pour gagner peu à peu le sommet de la boucle du Niger et le Tchad. Les cartes de notre enfance se paraient d'une teinte rose dont nulle nomenclature ne venait rompre l'uniformité, plus flatteuse pour notre amour-propre que pour notre savoir.

Chose curieuse, ces cartes étaient beaucoup moins riches en renseignements que celles dressées au quinzième siècle par les cartographes juifs de Majorque dont M. de La Roncière a donné dernièrement une édition somptueuse, avec l'érudition la plus avertie.

Les itinéraires sahariens marqués sur les atlas de Cresques restèrent oubliés dans nos bibliothèques : et c'est sur une page blanche que les géographes du dix-neuvième siècle recommencèrent à écrire, voyage après voyage, les noms familiers jadis aux juifs majorquins.

Depuis quelques années, la situation est bien changée : le Sahara est devenu un autodrome où roulent autochenilles et voitures à six roues. Voici même qu'apparaissent dans nos grandes revues illustrées les photographies d'hôtels genre Touring-Club à Timimoun, Béni-Abbès et autres lieux jadis peu fréquentés des touristes. Les derniers conquérants de l'Afrique sont l'automobile et le cinéma.

Grâce à ce merveilleux engin de pénétration, l'automobile, et au plus fidèle, au plus précis des narrateurs, le cinéma, la France a fait une conquête intellectuelle précieuse, elle a acquis d'une façon définitive, vivante, la notion de l'unité, de la continuité de la France africaine, elle a gagné le sentiment de sa grandeur.

Les enfants de nos écoles voient passer sur l'écran, à quelques minutes d'intervalle, Tamanrasset où reposent côte à côte, unis dans la mort comme dans l'amitié, les deux grands Sahariens, le Père de Foucauld et le général Laperrine, puis Bourem et le Niger, l'arbre sous lequel mourut le commandant Lamy au soir de sa victoire sur Rabah, et les villes neuves que nous avons édifiées sur les rives de l'Oubanghi et du Congo. Partout flottent nos trois couleurs : sur ces tombes, sur ces fleuves, sur ces villes blanches, parmi les arbres d'un vert-noir. Une synthèse se fait dans l'esprit : celle d'un demi-siècle d'efforts modestes et tenaces, celle d'un immense continent aux multiples ressources ; ce sont quelques éléments de cette synthèse que nous voudrions analyser, heureux si de cette analyse se dégageait l'impression vivante d'une France nouvelle, toute proche de nous, toute chargée des promesses d'un radieux avenir.

***

Si les archives de Dieppe n'avaient pas été brûlées en 1694 par les bombes anglaises, nous pourrions peut-être affirmer que nos premières relations et même nos premiers établissements sur la Côte Occidentale d'Afrique remontent au quatorzième siècle. Il est question dans quelques vieux auteurs d'une *batterie de France* établie à cette époque au comptoir de la Mine. Regrettons que les érudits nous interdisent d'accepter cette tradition qui répond si bien au « bastion de France » de La Calle, mais notons toutefois (et maints textes exhumés des archives notariales du Havre, de Rouen et de Honfleur nous y autorisent) qu'au seizième siècle, tous les bâtiments normands qui allaient au Brésil chercher des bois et des peaux faisaient escale à la Côte Occidentale d'Afrique. Si bien qu'en 1594 le capitaine André Alvarez d'Almada pouvait écrire, à propos de Gorée, que « les Français s'y croient chez eux, tout comme s'ils étaient dans un des ports de leur patrie ».

Ces Normands adroits et hardis semblent avoir

vécu en fort bonne intelligence avec les petits rois nègres des côtes ; en 1620-1625, quelques Dieppois associés trafiquaient avec le chef de Rufisque ; un peu plus tard, ils eurent un comptoir à Saint-Louis, des agents européens dans l'intérieur, et ainsi la Compagnie des Indes occidentales, fondée par Colbert le 28 mai 1664, nous apparaît-elle comme l'héritière de traditions et d'expériences déjà plus que centenaires. Ce n'est pas ici le lieu de rappeler les heurs et malheurs des compagnies royales qui se succédèrent sur ces côtes ; il convient seulement de saluer le nom de quelques grands Français qui exploitèrent le pays, devinèrent ses richesses, donnèrent à notre nation auprès des indigènes le prestige attaché à la justice et à la bonté ; ce furent André Brüe, Pierre David, d'Elbée, et n'oublions pas ce charmant chevalier de Boufflers qui écrivait de son gouvernement du Sénégal des lettres si exquises à la comtesse de Sabran.

Mais l'action des grandes compagnies à monopoles portait en elle son germe de mort : elles se proposaient avant tout la traite des noirs pour fournir à nos colonies antillaises la main-d'œuvre qu'elles demandaient. Elles ne faisaient rien pour utiliser sur place à créer des cultures, de la richesse et de la vie, ces robustes travailleurs qu'elles transportaient au delà de l'Océan. Aussi les idées humanitaires de la fin du dix-huitième siècle, les guerres civiles de Saint-Domingue, nos luttes avec l'Angleterre, les décrets de la Révolution vinrent ruiner le commerce du « bois d'ébène » et nos établissements de la côte.

Il ne faut donc pas s'étonner que les premières reconnaissances sérieuses du continent africain aient été inspirées par l'Association africaine de Londres : elles sont dues à Houghton (1791) et Mungo Park (1795-1797 et 1805). Tous deux moururent à la tâche, mais le second avait pu nous laisser le récit de son premier voyage ; il avait atteint le Niger aux environs de Segou Sikoro : « large comme la Tamise à Westminster, il étincelait aux feux du soleil et coulait lentement vers l'Orient. » Mungo Park était passé à Ségou et arrivé tout près de Tombouctou ; la carte qu'il a publiée donne sur la vallée du Niger une somme de renseignements précieux, une base de départ fort importante pour ses successeurs. En 1805, il devait périr dans les rapides de Boussa sur son petit bateau appelé *Dhioliba*, nom que les indigènes donnent toujours au grand fleuve dont il fut le premier explorateur.

Ainsi s'ouvrait ce dix-neuvième siècle où l'Afrique attira tant de vaillants, où tant de missionnaires et d'officiers jalonnèrent de leurs souffrances, et si souvent des petites croix de leurs tombes, les routes que suivent aujourd'hui les échanges commerciaux.

Certes, l'histoire de ces découvertes n'est pas toujours une légende dorée ; notre temps a connu des fièvres dont les pieux modèles de Jacques de Voragine ne furent même pas effleurés ; mais il n'en reste pas moins que le plus beau poème de l'énergie humaine a été écrit sur la carte d'Afrique dar ces explorateurs. Si cette force d'âme s'est parfois accompagnée chez certains comme Stanley, « le briseur de rocs », d'une dureté qui nous choque, d'autres comme Livingstone, Brazza, le Père de Foucauld, ont compris leur mission avec un tel esprit de charité qu'ils semblent avoir laissé dans les ténèbres où ils s'étaient enfoncés, comme un lumineux sillage d'amour. Napoléon disait : « Le jour où Corneille ne serait plus aimé dans nos écoles, la France cesserait d'être une grande nation. » Plus belles que les stances du *Cid*, plus riches de leçons et d'exemples sont les vies de cette pléiade de Français qui ont fait, de leurs pauvres mains fiévreuses, la France noire, et il faut vraiment espérer qu'un jour viendra où ils auront la seule récompense dont ils aient peut-être rêvé, celle d'être cités en exemple à tous les petits Français des écoles de nos villes et de nos campagnes. Nos manuels scolaires, nos examens à tous les degrés d'enseignement sont muets sur l'histoire et la géographie des colonies françaises ; c'est un scandale que dénoncent sans se lasser mes collaborateurs de la *Dépêche coloniale*. Nous finirons bien par le faire cesser. Pour mettre en valeur la France des cinq parties du monde, il nous faut l'aide directe ou indirecte de tous les Français ; comment donneront-ils leurs fils, leurs capitaux, leurs votes, s'il ne savent pas ce qu'est cette France, ni ce qu'elle vaut ?

Sur le fond, trop chargé de détails, de l'histoire africaine au dix-neuvième siècle, se détachent quelques hommes dont l'action résume une période d'efforts et jalonne les progrès de notre occupation. Voici d'abord René Caillié, un petit paysan des Deux-Sèvres qui s'embarque à seize ans pour Saint-Louis, possédant soixante francs pour tout viatique. Au Sénégal où il séjourne quelques années, il prend, comme il l'a écrit lui-même, « le vif sentiment du besoin urgent qui pressait notre commerce d'Afrique », de connaître l'intérieur du continent pour y trouver des débouchés nouveaux. Seul et sans ressources, il prend le parti de se faire passer d'abord pour un chrétien désireux de s'instruire dans la foi musulmane, puis pour un véritable musulman détenu prisonnier par les infidèles et désireux de rentrer dans sa patrie.

Il savait le danger de cette attitude ; comme plus tard le Père de Foucauld déguisé en juif marocain, il devra cacher soigneusement ses notes : « Je portais toujours dans mon sac un arrêt de mort, et combien de fois ce sac a dû être confié à des mains ennemies ! » Se joignant aux caravanes, allant le plus souvent pieds nus parmi les pierres et les épines, obligé parfois de soigner ses plaies pendant des semaines dans les cases des plus humbles esclaves, utilisant aussi des pirogues qui descendaient le Niger, René Caillié parvint à Tombouctou le 20 avril 1828, au soleil couchant. Voilà un centenaire qu'il conviendra de fêter dans peu de temps. La tradition désigne encore dans la capitale soudanaise la maison de Sidi Abdallah où René Caillié séjourna, bien traité par son hôte, causant avec ses amis, visitant les mosquées, regardant de tous ses yeux la ville mystérieuse où il avait été le premier Français à pénétrer. Il aurait voulu recueillir plus de renseignements auprès des habitants ; malheureusement, écrit-il, « je ne possédais pas assez de moyens pour leur faire des présents ; aussi ne m'appelait-on que le *meskine* (le pauvre). » Que de grandeur dans la simplicité de cette phrase !

Pieusement, avant de quitter la ville, René Caillié rechercha tous les renseignements qu'il pût obtenir sur le seul Européen qui l'eût précédé, le major Laing, et qui avait été tué au sortir de Tombouctou par la tribu de Saouat. Puis il prit lui-même la route du Sahara, passant sur le lieu de ce crime et obligé de se détourner pour pleurer... seul hommage qu'il pût rendre à la mémoire du grand voyageur. Par Taoudeni et ses mines de sel, le Tafilelt, Fez et Meknez, René Caillié arriva, exténué de fatigue et de fièvre, à Rabat où il eut la déception de ne pas trouver un consul de France. Le 7 septembre il entrait à Tanger, et après trois semaines de soins affectueux chez notre représentant, il pouvait quitter l'Afrique et revoir sa patrie.

Telle est l'extraordinaire odyssée de ce jeune homme (il avait à peine vingt-huit ans, à son retour, lorsque le roi lui conféra la Légion d'honneur). Il fut conduit et soutenu par quelques-uns des sentiments qui animaient le « poverello » d'Assise que l'Italie vient de fêter : l'humilité, le goût de la pauvreté, la longue patience et surtout une foi inébranlable supérieure à toutes les souffrances, à toutes les épreuves. D'un coup d'aile, le premier explorateur français de l'Afrique occidentale s'élevait à ces sommets de la vie morale où ne peuvent atteindre que les âmes d'élite, et ce sont de telles âmes qui sont l'honneur d'une nation.

Si riche de renseignements précis et exacts que fût la relation de voyage de René Caillié, bien des années devaient passer encore avant qu'il devînt possible de les utiliser. Malgré quelques efforts sous la Restauration et la Monarchie de Juillet, nos établissements africains ne formaient alors qu'un fantôme de colonie. Nous étions même obligés de payer aux roitelets indigènes, pour avoir le droit de commercer à dates fixes sur leurs territoires, des redevances ou « coutumes » qui flattaient leur orgueil mais entachaient notre pavillon d'une sorte de vassalité.

A la demande des commerçants de Saint-Louis et de Bordeaux, fut envoyé au Sénégal un jeune officier, le capitaine du génie Faidherbe, qui avait montré dans plusieurs campagnes en Algérie un tempérament de chef. Voici un autre type de Français, possédant tout ce que la culture scientifique (il était polytechnicien) peut donner de méthode dans le travail, de précision dans l'esprit. A côté de cette haute culture, et, pourrait-on dire, malgré elle (car elle étouffe chez certains le sens des réalités et le don de comprendre les hommes), Faidherbe avait une grande chaleur de cœur, un jugement sûr et fin. Il arriva plein de bienveillance pour ces noirs « envers qui, écrit-il, les peuples civilisés ont été bien coupables ». C'est pour eux, autant que pour nous, qu'il veut briser les tyrannies locales, et celles plus redoutables encore de la misère et de l'ignorance. Il déclare la guerre à l'ivrognerie, à l'esclavage. Fier de faire respecter le drapeau français, il abolit les *coutumes*, mais n'exige jamais plus qu'il ne peut obtenir. paye ce qu'il pourrait prendre sans l'acheter (comme le terrain du fort de Bakel). Aussi prudent qu'audacieux et brave, il avance lentement vers l'Est, ne fondant un poste plus avant dans le continent que pour couvrir ceux déjà édifiés (Médine en 1855 pour couvrir Bakel). Les incursions d'El Hadj Omar lui en fournissent l'occasion. Il le fait au moindre prix, avec un millier de soldats blancs à peine, mais en créant les premiers bataillons de tirailleurs, les premiers pelotons de spahis, en utilisant au maximum la mobilité d'allure (grâce aux chaloupes à vapeur sur le Sénégal), la supériorité d'armement de ses troupes. Dans les premières années de son gouvernement, il est hostile aux liaisons transsahariennes presque impossibles de son temps. Plus tard, quand nous serons sur le Niger, quand l'occupation de Tombouctou sera prochaine, il conseillera au contraire, de toute sa haute autorité, de nous installer à In Salah.

Officier du génie, il sait toute l'importance des routes, aussi conçoit-il notre action en Afrique comme devant tendre d'abord à assurer une ligne de communication solide entre le Sénégal et le Niger ; il choisit la voie la plus directe, celle que suivra un jour le rail ; il estime que l'exutoire de toutes les richesses de la vallée du Niger doit être la vallée du Sénégal, et que, contrairement à la loi générale de tous les fleuves, il y a intérêt à diriger le trafic en sens inverse du courant, à ne pas le laisser s'écouler vers l'embouchure. Tout ce système se construit peu à peu, sans idées préconçues, après de multiples études géographiques, économiques, ethnographiques, historiques ; il se fonde sur les rapports des missions envoyées en tous sens par le gouverneur (entre autres la mission du lieutenant de vaisseau Mage sur le Niger). On ne saurait mieux utiliser les méthodes scientifiques pour organiser un pays neuf.

A ces courants nouveaux, il faut une tête de ligne ; après avoir transformé Saint-Louis, il fonde Dakar en 1863, Dakar dont il a deviné l'avenir et qui est dès maintenant un des grands ports de l'Atlantique. Mais tout ce magnifique effort dans le domaine matériel risquerait d'être vain si notre autorité morale, notre prestige ne s'édifiaient en même temps sur des fondements assurés. Il met au point, un des premiers, ces méthodes d'administration où la fermeté se base sur une justice absolue, sur une bienveillance inlassable. « Convaincu, comme il l'a écrit lui-même, de la nécessité de *former quelques indigènes d'élite* pour nous aider dans notre œuvre de civilisation, et d'assurer en même temps le recrutement des interprètes pour les diverses langues du pays, » il fonda en 1856 l'école des otages, pour les fils de chefs, cette école d'où sortiront tant de collaborateurs précieux pour ses successeurs. Tous les dimanches il se faisait présenter ses petits protégés, suivant leurs progrès, formant peu à peu leur âme. A côté de l'élite, il pensait aux pauvres gens, aux meskines, aux plus malheureux d'entre les malheureux, à ces esclaves qu'avaient razziés les bandes des Tou-couleurs, et il fondait pour eux ces villages de liberté, où ils accoururent en foule, à travers la savane et la forêt.

Tels sont les principaux traits de cette grande pensée et de ce grand cœur. Faidherbe, c'est le fondateur de notre méthode coloniale, celle que suivront si brillamment, après lui, les Brière de Lisle, les Borgnis-Desbordes, les Archinard, les Trentinian, les Lyautey, celle qui nous vaudra sous la Troisième République de reconstituer une plus grande France, capable de devenir un jour par son unité morale, dans la diversité infinie de ses richesses, la première nation du monde. A beaucoup d'égards, Faidherbe est une « préfigure » de Galliéni, comme si le destin se plaisait à modeler successivement, en les améliorant chaque fois, plusieurs exemplaires d'un certain type d'âme. Une même destinée était réservée à ces deux grands chefs ; après avoir si bien servi la France au delà des mers, ils devaient un jour, l'un et l'autre, mettre au service de la patrie envahie les dons de clairvoyance, de décision qu'ils avaient si longuement exercés : le vainqueur de Pont-Noyelles et de Bapaume annonce le vainqueur de la Marne ; le premier ne put sauver que l'honneur, il était réservé au second de sauver Paris et la France.

A peine remise de sa défaite, la France reprit, à partir de 1878, sa mission de civilisation et de progrès ; la frontière Est de notre colonie, celle qui garantissait aux captifs délivrés le travail dans la paix et la justice, était toujours battue par les vagues de razzieurs et de pillards que fanatisaient les « almamys ». Après El Hadj Omar, ce fut Mahmadou Lamine, après Mahmadou, Ahmadou Sheikou et Samory, après Samory, Rabah, et toujours il nous fallut aller davantage vers l'Est, nous enfoncer au cœur de ce continent noir. Les principales étapes furent : Bafoulabé, occupé en 1879 par Brière de Lisle ; Kita (27 février 1881) ; Bamako, 1er février 1883, par Borgnis-Desbordes.

Cette clef de voûte entre le Sénégal et le Niger solidement tenue, notre action devait s'orienter dans deux directions différentes, la vallée du Niger et les territoires compris dans l'angle qu'elle forme avec celle du Sénégal, et, d'autre part, la région comprise au sud et au sud-est de Bamako.

Dans la première direction, nous avons occupé successivement : Ségou en 1890, Nioro en 1891, Dienné, Mopti et Bandiagara en 1893, Tombouctou le 6 janvier 1894. En 1896, le lieutenant de vaisseau Hourst partait de Kabara, près de cette ville, et descendait le Niger jusqu'à son embouchure.

Dans le second secteur, il nous fallut lutter contre Samory, dont le colonel Péroz a, dans ses ouvrages, raconté d'une façon si pittoresque la vie, les méthodes de gouvernement et les atrocités. Les opérations contre lui, où s'illustrèrent des chefs comme Combe, Humbert, Caudrelier, Gouraud, se terminèrent par la capture du sinistre souverain, le 29 septembre 1898 à la lisière de la grande forêt équatoriale. A cette date, nous occupions, à l'Est Sikasso dont nous nous étions emparés le 1er mai, après un violent combat.

Restait le pays compris dans la boucle du Niger exploré entre 1887 et 1891, par Binger et Monteil, qui avaient fait accepter notre protectorat par la plupart des chefs locaux ; il fut soumis et pacifié de 1895 à 1897 par de nombreuses colonnes commandées par les lieutenants Voulet et Chanoine, le capitaine Destenave, le commandant Caudrelier, et tant d'autres vaillants officiers dont certains, comme le capitaine Braulot, trouvèrent une mort glorieuse au cours de ces opérations.

L'influence française s'est donc en grande partie irradiée, diffusée dans la vallée et la boucle du Niger, en partant de la place d'armes constituée par Brière de Lisle et Galliéni entre Kita et Bamako. Mais si, à part les enclaves étrangères, l'Afrique Occidentale forme aujourd'hui un tout homogène, nous devons aussi une large part de ce résultat aux explorateurs et aux officiers qui, partant des côtes : Guinée, Côte d'Ivoire, Dahomey, remontèrent les rivières du sud et traversèrent la grande forêt équatoriale ; Binger, Marchand, d'Ollonne, Bretonnet, l'administrateur Clozel, Dodds et bien d'autres ont écrit de belles pages dans la glorieuse histoire de cette conquête, le plus beau livre sans doute que pourrait composer un historien au cœur français.

Grâce à tous ces efforts, l'Afrique Occidentale devenait, le 15 juin 1895, le siège d'un gouvernement général ; mais cette colonie nouvelle n'avait pu être acquise et organisée sans bien des difficultés intérieures et extérieures. Le Parlement français montra toujours une extrême répugnance à accepter les vues de quelques hommes d'État courageux et avertis qui voulaient diriger vers ces terres neuves toutes les énergies, toutes les puissances de notre race. A rien ne sert de rappeler ces souvenirs pénibles, sinon à engager les parlementaires actuels à méditer devant les résultats obtenus ce que furent en matière coloniale l'incompréhension, l'ignorance surtout de leurs prédécesseurs. Pour soutenir l'œuvre grandiose dont nous venons de rappeler les principales étapes, il n'y eut jamais qu'un seul vote pris à la presque unanimité de la Chambre, celui qui autorisa la seconde expédition du Dahomey.

Et combien cette ignorance nous fut-elle préjudiciable lorsque, à certains moments de cette épopée, il nous fallut entrer en discussion, presque en conflit avec des puissances étrangères. Devant une Angleterre qui armait Samory contre nos soldats et soutenait les bravades, les mensonges, les coups de force d'une Royal Niger Company (il faut citer la mission héroïque et douloureuse du lieutenant de vaisseau Mizon sur la Benoué), notre Parlement demeurait, malgré les énergiques interventions de quelques députés clairvoyants, d'une atonie navrante. Une convention du 5 août 1890 avait réglé les zones d'influence respectives de l'Angleterre et de la France sur la rive gauche du Niger, par une ligne partant de Say sur le fleuve et aboutissant à Barroua sur le Tchad. Par l'interprétation abusive qu'elle fit de cette convention (en voulant étendre ses dispositions à la rive gauche), par la menace d'une intervention allemande qu'elle suscita contre nous (14 août 1893), l'Angleterre nous mit dans la nécessité d'accepter, le 14 juin 1898, une convention par laquelle tout le cours inférieur du fleuve depuis Ilo jusqu'à son embouchure était réservé·à l'Angleterre. Tel fut l'aboutissement de la politique suivie par la Grande-Bretagne entre les années 1885 et 1898; cette politique se fonda en grande partie, depuis le congrès de Berlin de 1885, sur l'étrange théorie des « sphères d'influence » délimitées arbitrairement d'après les zones côtières occupées, et non d'après les travaux réels accomplis dans l'hinterland par les colonisateurs ou les explorateurs des diverses nations. L'œuvre des nôtres, soit sur la rive droite du fleuve, soit sur la rive gauche dans le Sokoto et le Bornou (entre autres la mission Monteil), avait été infiniment plus importante que celle des Anglais. Il n'en fallut pas moins céder ; le rapporteur de cette convention à la Chambre, le prince d'Arenberg, le conseilla non sans regrets, mais en nous engageant à mettre en valeur les immenses territoires nouveaux qui s'ouvraient à notre activité.

Quelles sont donc les principales richesses de cette colonie? D'abord les produits oléagineux. Dans les statistiques globales de 1925 (sujettes peut-être encore à quelques modifications), l'ensemble de ces produits représente plus de 550 000 tonnes, soit 82 pour 100 du total des exportations ; les seules sorties d'arachides s'élèvent à 57 pour 100 de ce total. L'arachide apparaît ainsi comme la principale richesse de l'Afrique Occidentale française ; sa culture s'est développée au Sénégal à mesure que progressait la voie ferrée : aujourd'hui, à la saison de la traite, de véritables montagnes d'arachides s'élèvent sur les quais de Rufisque et de Kaolak. Le monde moderne est un consommateur insatiable de matières grasses, il en faut des quantités sans cesse croissantes pour l'alimentation des hommes, pour l'élevage du bétail, pour la savonnerie, pour le graissage des machines, pour la fabrication des explosifs. Les expéditions de cette année ont dépassé de 140 000 tonnes environ celles de 1924 et leur valeur a dépassé 500 millions de francs ; elles peuvent être encore considérablement accrues, si nous voulons développer en A. O. F. les méthodes de culture dont nous parlerons tout à l'heure d'une façon plus générale.

Parmi ces oléagineux, un effort urgent s'impose en faveur de l'extension des plantations de palmiers à huile : en 1925, l'A. O. F. a exporté 26 000 tonnes environ d'huile de palme et 73 000 tonnes d'amandes de palme. Or il y a lieu de craindre que les plantations de Sumatra viennent un jour prochain bouleverser les conditions du marché mondial de cette précieuse denrée. La superficie des plantations hollandaises en rendement dépassait, en 1925, 5 000 hectares, leur production a atteint environ 8 000 tonnes d'huile. Cette production, suivant des estimations sérieuses, dépassera 10 000 tonnes en 1926, 20 000 tonnes en 1929, 70 000 tonnes en 1934. Si nous n'y prenons pas garde, les Hollandais parviendront d'ici dix ans à exercer sur le marché des huiles de palme l'influence qu'ils ont prise sur celui du caoutchouc. Pour éviter ce péril, il faut que nous sortions en A. O. F. des stériles discussions entre agronomes sur les mérites comparés des variétés diverses de palmiers à huile. Il convient de suivre l'exemple de nos amis belges au Congo, qui ont constitué des sociétés puissantes pour développer cette culture, et obtenu en peu de temps des résultats remarquables. Au bout de cinq ans, un hectare planté en oeleis peut donner 300 kilos d'huile, et deux tonnes au bout de huit ans. Les années de retard pour la mise en marche des grandes cultures industrielles ne se rattrapent jamais qu'au prix de lourds sacrifices pour l'ensemble de la nation.

En dehors des matières grasses, les principaux produits d'exportation de l'Afrique occidentale sont les bois d'ébénisterie, la gomme, le cacao, les peaux, le coton, le caoutchouc sylvestre, la laine, l'or, la cire et les fruits. Si nous laissons de côté les produits de cueillette, dont la récolte ne peut être estimée d'après aucune prévision régulière, il convient d'insister sur la nécessité d'améliorer les méthodes d'élevage des indigènes. En pays neuf ou arriéré, le vétérinaire est aussi utile que le médecin. Certaines années récentes, la peste bovine a détruit en A. O. F. la moitié du cheptel local, des millions de têtes ; les Peuhls sont peut-être les meilleurs bergers du monde, mais leur art est impuissant contre de semblables calamités.

Si les efforts remarquables du consortium Roubaix-Tourcoing sont couronnés de succès, l'A. O. F. peut devenir un de nos premiers fournisseurs de laine.

Pour les bois et les fruits, comme pour certaines cultures qui pourraient être développées avec succès en A. O. F. (spécialement le coton, le riz, le maïs, les plantes à parfum), il est absolument indispensable de faire un grand effort pour éduquer les indigènes et donner à l'agriculture de ce vaste pays l'outillage qui lui fait défaut. La plupart des cultivateurs ne sont pas encore à l'âge de la charrue, voilà la vérité qu'il ne faut cesser de répéter, la lacune qu'il faut combler un peu chaque jour. Dans certaines colonies du groupe comme la Guinée, un gros effort a été entrepris par des gouverneurs hautement conscients de leur devoir : démonstrations pratiques, fermes modèles, concours agricoles, prêts d'instruments aratoires, tous les moyens sont mis en œuvre pour augmenter le rendement de la terre par de bonnes « façons ». Mais cet outillage industriel doit s'étendre encore aux chantiers d'abatage et de transport de bois, aux cultures de fruits, comme les bananes et les ananas, qui ne peuvent se conserver sans frigorifiques.

Et que dire du coton, cette matière première dont la France a acheté l'an passé pour plus de quatre milliards de francs à l'Amérique ? Pour installer une plantation de coton, il faut un outillage considérable, charrues-polysocs puissantes pour dessoucher et ameublir le sol, stations de pompage et d'égrenage, presses pour la mise en balles, camions ou chalands pour le transport, vastes hangars bien à l'abri de la pluie et de l'humidité. Tout cela représente une première mise de capitaux et des fonds de roulement considérables. Pour nous procurer vite les quantités massives de coton qui sont indispensables à nos usines, il est nécessaire de multiplier, avant les achèvements des grands travaux d'irrigation du Niger, les centres de culture industrielle du coton analogues à celui de Diré, qui est un véritable modèle.

Or, à part quelques rares exceptions (mais celles-ci toutes à notre honneur), les entreprises établies en Afrique Occidentale Française ont été jusqu'ici des entreprises commerciales plutôt que des entreprises conduites industriellement, permettant d'obtenir des rendements véritablement sensibles dans l'amélioration de notre balance commerciale. La plupart des maisons françaises établies en A. O. F. se bornent à faire du *troc*, à échanger les produits manufacturés de la métropole contre les produits agricoles du pays — opérations curieuses d'ailleurs, qui se font parfois non sans quelque mystère à l'ombre des magasins, des escales, où il y a toujours une armoire pleine de bracelets d'argent et d'or, gages sur lesquels les clients de la maison ont obtenu quelques avances en attendant la récolte.

Ce n'est pas avec de tels procédés que l'on verra jamais en A. O. F., les rendements obtenus en Indochine. Il faut souhaiter à ce groupe de colonies africaines l'emploi des méthodes qui ont si bien réussi là-bas ; il faut désirer que l'épargne française n'hésite pas à suivre sur ce nouveau terrain les guides sûrs dont elle aura éprouvé la valeur.

Mais tous ces efforts privés à susciter et à poursuivre seraient vains si l'administration ne faisait, elle aussi, son devoir. Son devoir, c'est d'abord de sauver la race indigène de la maladie et de la mort, de lutter contre une effroyable mortalité infantile, d'apprendre aux indigènes à se nourrir, à se vêtir, en encourageant les cultures vivrières. Ce sera l'honneur de M. le gouverneur général Carde d'avoir affirmé cette nécessité avec une volonté, une chaleur, où l'on retrouve l'écho généreux des grandes voix que nous avons citées, celles de Faidherbe et de Galliéni. Un noir travaille fort bien quand il est convenablement nourri, quand il a une case saine, quand il ne contracte pas, durant les nuits froides, les pneumonies et la tuberculose sous de misérables haillons de coton.

Ensuite, « le devoir du prince » est de développer l'outillage d'intérêt public, ports, routes, chemins de fer. En dehors de Dakar et de Douala au Cameroun, il n'est pas de bonne rade sur la côte occidentale d'Afrique ; partout la barre forme et écrase ses rouleaux à quelque distance du rivage ; les wharfs des villes côtières de la Guinée et de la Côte d'Ivoire doivent être entretenus, améliorés, dotés des instruments de levage sans lesquels le chargement et le déchargement des marchandises fait perdre un temps infini et, en matière d'armement maritime, le temps vaut cher. Les ports de Dakar et de Douala doivent être équipés d'une façon digne d'eux, les transports maritimes améliorés, le cabotage encouragé.

Un gros effort a été fait pour les chemins de fer, mais il est loin d'être achevé, le rail n'arrive pas encore (3 000 kilomètres) au centre de la boucle du Niger, dans ce pays Mossi qui, par la densité relative de sa population, peut fournir aux autres colonies du groupe une main-d'œuvre précieuse et développer les échanges commerciaux importants. D'ailleurs, le tout n'est pas de construire un chemin de fer, on l'a bien vu avec le Thiès Kayes ; il est aussi important de bien l'exploiter, de lui faire donner le maximum de rendement. Nous nous sommes laissé dire qu'il y avait encore des progrès à réaliser dans ce sens.

Le réseau routier dépasse aujourd'hui 5 400 kilomètres ; il supporte une circulation automobile intense, et nous pourrions citer tel fonctionnaire colonial qui parvint à se rendre en cinq jours de Niamey à Dakar.

Mais il reste beaucoup à faire encore au point de vue travaux publics : dans ce pays qui n'a pas de charbon, il y a un grand parti à tirer des forces hydrauliques ; les rapides des grands fleuves Sénégal, Niger, de certains de leurs affluents, des rivières du Sud, peuvent, après avoir été un terrible obstacle à notre pénétration, à l'écoulement des marchandises, devenir une intarissable source de richesses. Et toujours nous en revenons à ce *leit motiv :* un programme, un ordre d'urgence où viendront s'inscrire non seulement les grandes entreprises dirigées par l'administration, mais encore les initiatives privées, soutenues par les capitaux métropolitains. A la base de toute grande œuvre, nous trouvons toujours la coordination harmonieuse des efforts, ensuite il ne s'agit plus que de persévérance. Si l'ordre est une idée latine et une vertu assez courante chez les Français, la ténacité n'est pas une de nos forces en matière coloniale ; il ne s'agit plus de velléités décousues, mais d'une longue et active patience. L'avenir de l'A. O. F. dépendra de la rapidité avec laquelle nous nous soumettrons à cette discipline.

Tels sont, d'une façon bien rapide, le passé et l'état présent de la France africaine de l'Ouest. Nous avons vu à travers quelles difficultés, en un demi-siècle à peine, de grands ouvriers l'ont forgée : si elle n'est pas un tout homogène, si elle contient plusieurs vastes territoires étrangers qui sont pour elle une cause de faiblesse (soit au point de vue douanier sur des frontières intérieures où la contrebande est difficile à empêcher, soit au point de vue main-d'œuvre, car le noir est volontiers nomade et il va louer son travail loin de sa petite patrie), l'acte de 1898, en assurant la liaison de nos diverses colonies côtières et intérieures, lui a donné cependant une unité suffisante où s'harmonise heureusement la variété de ces colonies.

Il semble que l'âpreté de la rivalité anglaise se soit bien atténuée depuis la guerre. Nous aurons d'ailleurs, en 1928, l'occasion de réviser, il faut l'espérer, dans un esprit amical, la convention de 1898 conclue seulement pour trente ans, et de faire disparaître s'il y a lieu les dernières causes de froissement.

Un seul danger persiste à l'horizon, au point de vue international, ce sont les manœuvres des Allemands auprès de la Société des Nations, pour abolir l'article 119 du traité de Versailles qui les a privés de leurs droits souverains sur leurs anciennes colonies. Déjà en ce qui les concerne, l'accord commercial franco-allemand du 5 août 1926, entré en vigueur le 20 août, a détruit en fait l'article 122 du traité de Versailles qui autorisait les détenteurs actuels des anciennes colonies allemandes à ne pas y tolérer d'entreprises ni de planteurs germaniques. En vertu de cet accord, les autorités françaises ont promis « d'examiner avec bienveillance les demandes qui leur seront adressées par les nationaux allemands aux fins d'admission sur le territoire des colonies françaises ou des territoires sous mandat français ». C'est la porte ouverte pour le retour au Togo et au Cameroun de ces indésirables voisins, de ces incorrigibles fauteurs de troubles et de haine, dont la plus terrible expérience ne semble pas avoir fait connaître encore la vraie nature à certains de nos dirigeants.

Tel est le seul danger qui nous paraisse menacer aujourd'hui l'avenir de l'A. O. F. Le loyalisme de ses habitants est hors de cause, nous savons avec quelle fierté, avec quelle bravoure ils aiment servir sous nos couleurs. L'histoire de la pacification ou de l'unification de l'A. O. F. est en grande partie leur œuvre ; nous n'oublierons jamais la part

qu'ils ont prise à toutes nos batailles de la grande
guerre. Nous leur devons trop pour ne pas leur
donner beaucoup de notre intelligence, de nos
capitaux, de notre cœur. Toute notre merveilleuse épopée africaine depuis Faidherbe est animée
de cette chaude 'sympathie, de cette confiance
mutuelle qui nous a unis à eux indissolublement.
Dans l'effort de mise en valeur qui nous reste à
accomplir, nous n'oublierons jamais qu'au-dessus
de tous les succès économiques, il est une œuvre
plus grande à accomplir : élever nos frères noirs
à plus de bien-être et à plus de dignité humaine.
Et ainsi sera exaucé le souhait qui monte encore
d'un passé de luttes horribles, de meurtres et de
pillages, aux lèvres de tous les noirs lorsqu'ils se
saluent, et les innombrables tombes des nôtres,
dispersées dans la savane et la forêt, garderont sur
cette terre africaine « la paix, la paix seulement ».

CHAPITRE IV

II. *L'Afrique Equatoriale Française.*

Défendue par des forêts impénétrables, n'envoyant à la mer que des fleuves barrés de rapides, l'Afrique équatoriale est restée jusqu'au dernier quart du dix-neuvième siècle une terre mystérieuse. Le lieutenant Cameron l'appelait « le pays de l'épouvante », et Stanley a pu écrire d'elle : « Cette nature étrange repousse tout amour ». Il a fallu attendre l'année 1877 pour que fût percé le mystère du continent noir, pour que Stanley pût déterminer le cours d'un des plus grands fleuves du monde, le Congo. Depuis cette date, un immense effort a été accompli sur cette terre hostile, et la France, avec une poignée d'hommes de cœur, a joué un rôle de premier plan dans cette lutte de l'énergie civilisatrice contre tout ce que la nature et l'homme pouvaient accumuler de périls.

⁎

Comme tout le littoral du continent africain, la côte atlantique de l'Afrique équatoriale fut reconnue pour la première fois par des navigateurs portugais. Leurs cartes de la fin du quinzième et du seizième siècle sont belles à voir : elles portent, jalonnant un contour déjà très correct, de petits dessins représentant les « padrons », les colonnes de pierre qu'élevaient sur les rivages découverts par eux les hardis sujets d'Henri le Navigateur.

Depuis cette époque, nos connaissances ne font guère de progrès ; l'amiral Linois visite en 1805 la côte du Gabon, les archives de la Marine conservent de lui un intéressant rapport. Un peu plus tard paraît le récit d'un prétendu voyage accompli dans ces parages, en 1828-1830, par un certain Douville ; tous les géographes de ce temps le traitèrent d'imposteur. Pour retenir une date où l'on puisse faire remonter l'action de la France en A. E. F., il faut venir tout de suite aux croisières accomplies de 1838 à 1844 par le capitaine de vaisseau Bouët-Willaumez sur son brick *la Malouine*. Afin de pouvoir mieux réprimer l'odieux trafic des négriers, il proposa au gouvernement d'assurer à nos bâtiments sur la côte du Gabon un port de relâche : en 1849 il fondait Libreville avec les captifs délivrés de l'*Elisia*.

De 1839 à 1862, nos officiers passèrent une série de traités de protection et d'amitié avec les chefs locaux, levèrent l'hydrographie des côtes, mais leurs voyages de découverte à l'intérieur du pays ne dépassèrent jamais le caractère d'excursions sans grande portée. Plus importants furent au point de vue géographique ou scientifique les

voyages de du Chaillu (le chasseur de gorilles) en
1856, des lieutenants de vaisseau Serval (1862) et
Aymès (1867) qui tentèrent de remonter l'Ogooué,
des explorateurs Marche et de Compiègne, qui
s'efforcèrent en 1873 d'atteindre les sources de
ce fleuve.

A côté de l'œuvre scientifique et politique de
nos marins, s'ébauchait déjà une autre œuvre non
moins utile à la France et à la civilisation : celle
de nos missionnaires. Depuis 1844, les Pères du
Saint-Esprit avaient fondé la mission du Gabon ;
au lendemain de notre défaite de 1870, ils donnèrent une preuve de leur calme ténacité : le gouvernement français, ayant résolu d'abandonner
comme trop onéreuse la colonie naissante, donna
l'ordre à l'amiral du Quilio, commandant l'escadre
de l'Atlantique sud, d'embarquer les fonctionnaires et les soldats résidant à Libreville. L'amiral proposa à Mgr Bessieux de « replier » aussi
le personnel de sa mission. L'évêque refusa cette
offre en disant simplement : « Nous sommes ici à
une porte qui s'ouvrira tôt ou tard sur un immense
continent. Nous attendrons. Si vous partez, amiral, comptez sur nous pour maintenir haut et
ferme le drapeau de la France. » L'amiral trans-
gressa les ordres de son département et conserva
le poste de Libreville. L'histoire impartiale ne
doit pas taire ce détail.

A partir de 1871, année où Stanley retrouva
Livingstone, l'attention de l'Europe fut attirée
sur l'Afrique équatoriale. Un jeune officier de
marine d'origine italienne, Savorgnan de Brazza,

voulut chercher, après MM. de Compiègne et Marche, la route la plus directe vers le centre du continent africain ; sa première mission de 1875 à 1878 (il avait à peine vingt-trois ans lorsqu'il partit) lui permit de constater que l'Ogooué n'était pas cette voie. S'il ne réussit pas, au cours de cette tentative, à atteindre le Congo (et il s'en fallut de peu qu'il devançât Stanley de quelques mois sur le cours inférieur du fleuve), il put cependant lever treize cents kilomètres d'itinéraires en pays totalement inconnu, acquérir une précoce expérience, et, mieux encore, obtenir auprès des indigènes un renom de justice et de bonté qui devait singulièrement faciliter plus tard l'accomplissement de ses desseins.

Pendant que s'effectuait ce premier voyage de Brazza, de grands événements politiques et géographiques venaient à s'accomplir. En septembre 1876, se réunissait à Bruxelles une conférence internationale provoquée par le roi Léopold, où furent appelés des géographes et des hommes politiques de toutes les grandes nations, véritable « croisade de science, d'humanité et de progrès », comme le déclara le souverain lui-même dans son discours de bienvenue. Cette conférence aboutit à la création de l'Association internationale africaine, dont les vues purement philanthropiques furent assez vite suspectées par les Anglais ; ceux-ci ne tardèrent pas, en effet, à deviner sous les déclarations humanitaires les desseins très pratiques de son promoteur. Ceci dit, d'ailleurs, sans aucune critique contre la mémoire de ce très grand prince qui, loin d'être compris et soutenu par le gouvernement belge, poursuivit seul, à travers tous les obstacles, en engageant toute sa fortune personnelle dans son entreprise, le dessein de laisser en mourant à son pays un immense empire lourd de richesses.

Au point de vue géographique, un fait d'importance capitale venait marquer l'année 1877 : le retour de Stanley à l'embouchure du Congo, après avoir suivi toute la boucle de ce fleuve et brisé toutes les résistances que lui avaient opposées la nature et les hommes. Le roi Léopold comprit aussitôt que le sort lui envoyait l'homme qu'il attendait. Il le fit approcher par deux émissaires secrets, dès son arrivée à Marseille, et après quelques hésitations, quelques déceptions aussi pendant son séjour en Angleterre, Stanley accepta de donner au pavillon étoilé d'or de l'Association internationale le bénéfice de ses découvertes et l'apport de son indomptable énergie.

Un seul point inquiétait le roi : l'attitude de la France, et surtout celle du jeune explorateur qui venait déjà de si bien servir son pays d'adoption : Brazza. La section française de l'Association internationale lui proposa une nouvelle mission sur l'Ogooué ; mais Brazza déjoua la ruse et sentit le danger qu'elle dissimulait. Il fallait faire vite. Obtenant une nouvelle mission du gouvernement français en 1879, il fondait Franceville en juin 1880, atteignait en septembre le Congo à hauteur du Stanley Pool, signait divers traités avec le chef de la rive droite (le fameux Makoko) et revenait à la côte en explorant la région du Niari et du Kouilou qui forme la meilleure voie de liaison entre le Congo en amont des rapides et l'Atlantique.

Il avait laissé sur les bords du « pool » un sergent sénégalais, le sergent Malamine, et quelques soldats indigènes. Lorsque Stanley, après avoir laborieusement tracé une route sur la rive gauche du fleuve, se présenta en 1881 devant le petit poste occupé par Malamine, il comprit qu'il avait été gagné de vitesse par Brazza, ce « pauvre va-nu-pieds qui n'avait de remarquable que son uniforme en loques et un grand chapeau déformé ».

La loi du 30 novembre 1882 confirma notre établissement au Congo ; le 5 février 1883, Brazza était nommé commissaire du gouvernement dans l'*Ouest-Africain français* et rejoignait son poste le 1er décembre 1884. A partir de ce moment, devant les fortes positions prises par la Belgique et la France, l'Angleterre s'inquiète d'être évincée du bassin du Congo. En 1883, Stanley résigne ses fonctions au service de la Belgique et l'adjure d'intervenir. Elle réveille les prétentions du Portugal sur l'embouchure du fleuve : les gouvernements de Londres et de Lisbonne signent le 26 février 1884 un accord qui reconnaît la suprématie du Portugal sur cette embouchure, réserve la libre navigation du fleuve et assure à l'Angleterre dans l'hinterland le traitement de la nation la plus favorisée. Les cabinets de Paris et de Bruxelles, la presse française et belge apprennent et commentent cette nouvelle avec une vive indignation ; ils trouvent en la personne du chancelier allemand

Bismarck un avocat inattendu, mais énergique.

Devant l'hostilité de l'Europe, le Foreign Office renonça à présenter le traité du 26 février à l'agrément de la reine ; une conférence internationale s'ouvrit à Berlin le 15 novembre 1884. Après trois mois de travaux elle publiait, le 26 février 1885, le document connu sous le nom d'*acte de Berlin*, qui assurait aux diverses puissances signataires l'égalité commerciale dans le bassin du Congo. Nous avons exposé, à propos de la partie de cet acte relative au Niger, les critiques qu'il est possible d'adresser à cette sorte de charte d'un droit colonial nouveau. Elle contenait le germe de toutes les espérances que portaient dès lors en elles des nations tardivement venues à l'expansion coloniale : si l'Allemagne avait soutenu la Belgique, c'était sans nul doute avec l'arrière-pensée d'invoquer un jour à son profit les principes dont les vieilles puissances coloniales comme l'Angleterre et la France venaient de contresigner l'avènement.

Ce n'est pas ici le lieu de rappeler l'œuvre des différentes missions à qui incomba la tâche de délimiter les frontières de notre nouvelle colonie avec ses différents voisins ; au cours de ces missions, nos officiers et nos fonctionnaires civils témoignèrent d'un rare mérite et enrichirent largement notre connaissance de régions presque entièrement inconnues avant eux.

Tout ce gigantesque labeur de reconnaissance et d'organisation fut poursuivi sans tirer pour ainsi dire un coup de fusil. Les Français qui l'accomplirent restèrent, pour la plus grande part, fidèles aux principes et aux méthodes de Brazza : imposer notre autorité aux indigènes par le prestige de notre justice et par les témoignages de notre dévouement. Toutefois, un moment vint où il fallut combattre. Une force logique, plus impérieuse que tout plan politique longuement médité et patiemment suivi, nous poussait vers le Tchad, centre du continent africain, où pouvait se faire la liaison de nos trois groupes de possessions africaines : Afrique mineure, Afrique occidentale, Afrique équatoriale. Assurer cette liaison c'était, pour la France, atteindre un de ces pôles d'attraction que l'on peut appeler, suivant les points de vue où l'on se place, « point stratégique » ou « carrefour commercial », c'était gagner pour l'avenir une des meilleures cases de l'échiquier africain, c'était aussi résumer dans une formule claire, simple, capable d'être comprise par le grand public et de le passionner, tout l'effort colonial que la Troisième République poursuivait depuis 1880 dans le continent noir.

C'était aussi accomplir une œuvre de civilisation et de justice, car sur la rive sud du Tchad régnait Rabah, un de ces potentats noirs comme nous en avions tant rencontrés et vaincus en Afrique occidentale : ancien esclave lui-même d'un négrier du Soudan égyptien, il avait ravagé le Baguirmi et le Bornou, faisait trembler le Ouadaï ; son influence s'accroissait avec son impunité et commençait à gagner, par les vallées du Chari et de l'Oubanghi, les territoires que nous venions d'occuper. C'est à son instigation que la mission

Crampel fut massacrée à El Kouti, le 27 avril 1891 : nous devions plus tard retrouver entre les mains de ses guerriers les trois cents fusils à tir rapide qui armaient l'escorte de ce malheureux explorateur.

Un ancien enseigne de vaisseau, comme Brazza, entré sur sa demande dans l'administration coloniale, Émile Gentil, allait avoir la gloire d'atteindre le Tchad en venant du Congo, de venger Crampel et d'organiser l'occupation française sur les rives du grand lac africain.

Dans un premier voyage effectué en 1897, sur un vapeur démontable, le *Léon-Blot*, il remonte l'Oubanghi, reconnaît la limite des bassins de l'Oubanghi et du Chari, puis, suivant la vallée du Gribingui, atteint le Chari qu'il descend jusqu'au Tchad. Le 1er novembre 1897 le *Léon-Blot* flottait sur les eaux de cette mer intérieure qu'il avait pu gagner sans combattre ; en cours de route, à Massénya, Émile Gentil avait noué des relations précieuses avec le sultan du Baguirmi. Cette brillante reconnaissance avait ouvert la route Congo-Tchad, et avait permis de recueillir des renseignements de premier ordre sur les forces de Rabah.

Émile Gentil repartit le 25 février 1899 avec un effectif de troupes assez élevé. Arrivé sur le Chari le 14 août, il apprend que le 17 juillet, à Togbao, le lieutenant de vaisseau Bretonnet a été massacré avec tous ses hommes par l'armée de Rabah : un seul rescapé, le caporal Samba Sall, qui fait le récit du drame.

Avec une décision et une activité remarquables, Gentil crée et fortifie une base d'opérations, « Fort

Archambault », y groupe des renforts et le 23 octobre quitte ce poste pour attaquer Rabah ; il rejoint ses hordes à Kouno le 26, engage avec elles un combat très dur où nous perdons 45 pour 100 de nos hommes, mais où nous infligeons des pertes sévères à l'ennemi. Celui-ci n'est pas encore vaincu, il intercepte la route du Tchad, où Gentil brûle cependant d'arriver, car il doit retrouver sur ses bords deux autres missions françaises.

En effet, en fin octobre 1898, une importante colonne, placée sous les ordres du commandant Lamy (officier d'élite qui s'était déjà signalé en Algérie, en Afrique équatoriale et à Madagascar) et du célèbre explorateur saharien Foureau, était partie du Sud Algérien : alourdie par un convoi d'un millier de chameaux qu'elle perdit peu à peu dans l'Aïr, elle était parvenue à Zinder le 2 novembre 1899.

Là, le commandant Lamy avait trouvé cent tirailleurs provenant de la mission « Afrique Centrale », qui avait été constituée à Say quelques mois auparavant sous le commandement des capitaines Voulet et Chanoine. Il est inutile de rappeler ce que ceux-ci étaient devenus. Avec cent cinquante tirailleurs, les lieutenants Joalland et Meynier avaient quitté Zinder, au début d'octobre, atteint le lac le 22 après avoir parcouru en vingt et un jours 525 kilomètres dont 125 sans eau. Le 10 décembre, cette poignée de braves s'étaient installés à Goulfei sur le Chari après avoir contourné le Tchad par le Nord.

Ils étaient les premiers au rendez-vous que leur

avait assigné le gouvernement français. Le 28 février 1900, la mission du commandant Lamy les rejoignait. Il ne restait aux soldats de cette mission que cent trente cartouches par homme et *Rabah le savait*. Devant une situation aussi critique, Lamy n'hésite pas, il attaque. Le 3 mars il s'empare de Koussouri, où les deux missions, transsaharienne et Afrique centrale, restent à peu près bloquées par Rabah, revenu en force de sa capitale Dikoa. Mais Gentil approche ; le 21 avril près de Koussouri, il est rejoint par le capitaine Reibell et le lieutenant de Chambrun venus à sa rencontre. La jonction des trois missions s'opère le jour même, et le commandant Lamy, dans sa crainte de voir Rabah lui échapper, décide l'attaque pour le lendemain. Enlevés par leurs chefs, nos hommes emportent le tata, s'emparent de la tente, des bannières de Rabah, des fusils enlevés à Crampel, des canons pris à Bretonnet ; tous nos glorieux morts sont vengés, Rabah, blessé, essayant de fuir, est rejoint par un tirailleur qui rapporte sa tête au bout d'une pique. Mais cet éclatant succès était payé d'une perte irréparable : Lamy à cheval dans le tata, au moment où il donnait ses ordres pour achever la victoire, avait été blessé à mort au cours d'un retour offensif de l'ennemi. Au déclin du jour on le ramenait en pirogue à Koussouri, et sa tombe devait, sentinelle silencieuse qu'on ne relève jamais, garder le pavillon français qu'il venait de planter au cœur de l'Afrique.

Cette conquête du Tchad est un des plus beaux

épisodes de notre histoire; l'ordre donné à ces trois missions, venues de points divergents, de se rencontrer en un même lieu, presque au même jour, paraissait une gageure. Il fut cependant exécuté avec une énergie qui surmonta tous les obstacles : le désert de l'Aïr, les forêts impénétrables, les fleuves coupés de rapides, et surtout cette angoisse effroyable des chefs, lorsqu'ils apprirent que deux des leurs, deux de leurs pairs, poussés par un vent de folie, avaient forfait à tous leurs devoirs de soldats.

Il faut lire dans les lettres du commandant Lamy, dans les souvenirs du colonel Meynier, du général Reibell, dans le livre de Gentil, le récit des heures que vécurent ces vaillants. Jamais avant la grande guerre, l'âme française n'avait aussi bien montré le métal dont elle est faite ; ces livres refermés, l'esprit en demeure ébloui.

Cette victoire achevée par la défaite de Fad el Allah, fils de Rabah, et consolidée par la création de Fort-Lamy sur la rive droite du Chari, en face de Koussouri, la dislocation des troupes eut lieu le 24 mai. Depuis lors, nous tenons solidement la ligne Oubanghi-Chari ; de dures colonnes furent encore nécessaires pour assurer la paix dans cette région, car, ainsi que l'a écrit très justement le général Mangin, « on ne peut rester au Baguirmi et au Kanem (c'est-à-dire au Sud et à l'Est du Tchad) si l'on ne tient le Ouadaï et le Borkou, ni au Borkou si l'on ne pousse jusqu'à l'Ennedi. » Ces étapes successives jusqu'aux extrêmes frontières que nous reconnaissaient les traités furent franchies par des chefs hors de pair, comme Moll, Largeau, et tant d'autres, comme l'héroïque capitaine Fiegenschuh, dont les noms doivent rester si chers à tous les cœurs français.

Quels furent les résultats de cette action suivie si énergiquement en Afrique équatoriale? Un moment, cette politique fut inspirée par le dessein grandiose d'atteindre le Nil, de nous établir sur ce fleuve et de tendre la main à ce grand et mystérieux empire d'Abyssinie que nous avions abordé avec succès par l'Est, où nous comptions des amitiés sûres et qui venait par sa victoire sur les Italiens de s'affirmer comme une puissance libre. On sait au prix de quels efforts fut réalisé ce programme par la mission Marchand (1). Mais l'audace de la France avait été plus grande que ses forces : toute l'Angleterre était dressée contre nous, il nous fallut reculer devant la menace d'un conflit : il n'était pas en notre pouvoir de barrer la route du Cap au Caire ni d'établir à notre profit celle de la Mittel-Afrika.

Ce rêve fut repris par l'Allemagne, et faillit réussir ; on sait comment l'Afrique Equatoriale paya en 1911 la rançon de notre liberté d'action au Maroc. La grande guerre a effacé tous ces douloureux souvenirs et toutes ces menaces. Aujourd'hui, l'Afrique Equatoriale, pacifiée, unie, élevée

---

(1) A la fin de 1896, en assurant l'arrivée à Brazzaville de tout le ravitaillement de la mission Marchand, Mangin avait pacifié la région voisine de cette ville et rendu les plus grands services, indirectement, aux diverses missions Gentil.

depuis 1910 à la grande entité administrative de gouvernement général, peut consacrer toutes ses forces à l'amélioration de son outillage et de sa production économiques, aux œuvres fécondes de la paix.

***

La mise en valeur de l'Afrique Equatoriale française a été entreprise suivant deux méthodes : la première fut celle des grandes concessions accordées très libéralement à partir de 1898-1899 aux compagnies qui en faisaient la demande. Ces concessions dont la superficie dépassait quelquefois plusieurs millions d'hectares, c'est-à-dire la surface de plusieurs départements, ne pouvaient raisonnablement être mises en valeur par ceux qui les avaient obtenues. Cette mise en valeur eût exigé la création de routes, d'ouvrages d'art où bien vite eussent disparu entièrement les disponibilités de ces entreprises. C'était mettre la charrue avant les bœufs ; les initiatives privées doivent suivre l'équipement d'une colonie par les travaux publics, elles ne peuvent avoir la prétention de le devancer, ni surtout de l'assumer. Aussi la plupart des bénéficiaires de ces concessions se contentèrent-ils de poursuivre sur leurs territoires des opérations purement commerciales, de simples opérations de troc avec les indigènes, ou d'exploiter les forêts. On s'explique dans ces conditions la lenteur des progrès économiques de la colonie.

Dès avant la guerre, on commençait à comprendre les inconvénients de ce système, et M. Augagneur, gouverneur général au lendemain des hostilités, eut le mérite de s'y opposer avec résolution. Celles de ces grandes concessions dont le terme est atteint ne sont pas renouvelées. La colonie, pour atteindre les résultats obtenus dans les autres parties de la France d'outre-mer, devra appliquer les méthodes qui ont fait, par exemple, la fortune de l'Indochine.

Mais le plus gros effort de notre administration devra porter surtout sur la création de voies de communication qui permettront de supprimer l'odieux portage à tête d'homme, aussi coûteux, aussi insuffisant que barbare, et d'assurer dans cet immense pays l'avènement d'une ère nouvelle que l'on pourrait appeler l'âge de la route. Déjà, dans certaines colonies du groupe, comme l'Oubanghi-Chari, sous l'active impulsion de M. le gouverneur Lambelin, des milliers de kilomètres de routes carrossables et de pistes aménagées ont été créées. Lorsque la belle mission automobile organisée par M. André Citroën, sous la direction de MM. Haardt et Audouin-Dubreuil atteignit cette région, ce fut pour nos compatriotes un plaisir et une fierté de trouver au cœur de l'Afrique des routes dignes de notre admirable réseau français.

Le même effort devra être poursuivi pour aménager d'une façon pratique et dans un court délai les rapides qu'ont à franchir tous les fleuves de la colonie pour traverser la chaîne côtière. Quand ce travail sera impossible, la construction des routes devra être poursuivie, en première urgence, là où elles permettront de mettre en communication les différents biefs navigables de ces fleuves.

A cet égard, le chemin de fer de Brazzaville à Pointe-Noire jouera dans le développement, de la colonie un rôle capital. La véritable artère de l'Afrique centrale est le Congo ; par la vallée de l'Oubanghi elle draine tout le trafic de notre arrière-pays. Or, aujourd'hui, ce trafic ne peut plus s'écouler. Les rapides du Congo ne peuvent être aménagés, et le chemin de fer belge de Matadi, complètement congestionné, ne peut plus suffire au trafic des marchandises belges. Dans ces conditions, il importait avant tout d'aboutir vite, de créer une voie de communication directe entre le Stanley-Pool et l'Océan, à travers les territoires reconnus jadis par Brazza et Mgr Augouard. Nous ne saurions retracer ici les controverses auxquelles a donné lieu pendant près de vingt ans ce chemin de fer trop longtemps différé. Le résultat seul importe ; on s'est enfin décidé à faire quelque chose : la loi de finances du 14 juillet 1925 a autorisé le gouvernement général de l'Afrique Equatoriale française « à réaliser par voie d'emprunt, effectué sous la garantie d'intérêts et d'amortissement de l'État, une somme de trois cents millions de francs applicables à l'achèvement du chemin de fer de Brazzaville à l'Océan, ainsi qu'à l'exécution des installations nécessaires à l'embarquement ou au débarquement à Brazzaville et à Pointe-Noire ». Le 15 septembre 1926 a été promulguée une loi déterminant les modalités de cet emprunt. La parole est donc désormais aux ingénieurs ; de leur activité dépend l'essor de l'Afrique Equatoriale française.

Il convient, au reste, de noter que, pour être encore faible, le mouvement commercial de cette colonie est loin d'être négligeable : il s'était élevé en 1925 à un total d'échanges de 155 222 463 francs, représentant une progression de 70 pour 100 sur l'année 1924 (91 236 601 francs). Dans ce total, les importations comptent pour un peu plus de 88 millions, les exportations pour près de 67 millions. Les principales exportations sont les bois : l'okoumé pour près de 22 millions, l'acajou pour près de 2 millions, les autres essences utilisées en ébénisterie pour plus de 2 millions et demi. Ensuite viennent l'ivoire pour près de 10 millions ; les amandes de palme pour près de 9 millions, le caoutchouc de cueillette pour près de 7 millions, l'huile de baleine pour plus de 4 millions.

Ce dernier produit mérite une mention spéciale : en 1909, M. le professeur Gruvel, du Muséum, signala le premier le mouvement de migration qu'accomplissent les baleines des mers antarctiques au large des côtes du Gabon. Elles apparaissent dans ces parages, venant du sud, vers la fin juin. Elles redescendent ensuite vers le sud, généralement pendant la première quinzaine d'octobre. Frappé de la valeur que représente l'huile de baleine (environ 30 livres sterling la tonne), et ne voulant pas laisser entièrement à l'étranger le monopole de ce commerce, j'ai pu aider efficacement à la constitution d'une société dont les bâtiments de pêche sont basés à Port-Gentil, près du cap Lopez, et dont les campagnes ont été en général très satisfaisantes. L'an passé, les exportations d'huile de baleine de la colonie ont dépassé 2 000 tonnes. En outre, les guanos de baleines pourront être d'un puissant secours comme engrais pour les cultures locales (telles que l'oeleis ou palmier à huile) le jour où la colonie entrera dans l'ère des grandes cultures industrielles.

Il convient enfin de signaler en quelques mots les richesses minières de l'Afrique Equatoriale française. Elles sont encore très mal connues. On a toutefois commencé à exploiter quelques gisements de cuivre, et exporté en 1925 près de 700 tonnes de minerai valant plus de 600 000 francs. Il est probable qu'une prospection méthodique permettra de trouver dans le sol de notre colonie le prolongement des riches filons du Congo belge et de la Rhodésie britannique.

L'Afrique Equatoriale française est donc une valeur précieuse ; tard venue dans la grande France, elle commence à peine à être mise en valeur. Son histoire est courte, mais elle est pleine d'héroïsme ; grâce aux hommes qui nous l'ont donnée, presque sans coup férir, a pu être réalisée, sur le Tchad, l'unité de la France africaine. Si des hommes comme le commandant Lamy sont morts pour donner à la France le sentiment de cette unité, quels ne sont pas nos devoirs envers cette colonie pour qu'elle cesse d'être une parente pauvre parmi ses sœurs africaines? Comme à l'Afrique Occidentale, et plus encore, il lui faut des hommes et des capitaux. C'est maintenant, et sincèrement, mieux qu'à la conférence de Bruxelles, qu'il convient d'entreprendre dans ce pays une croisade d'humanité et de progrès. Voilà vraiment une terre menacée de mort, si nous ne sauvons pas la race humaine qui l'habite. Luttons sans trêve dans la forêt contre la maladie du sommeil et les autres maux qui la peuplent. Ensuite, à mesure que le rail et les routes progresseront, sachons avec nos capitaux et nos techniciens asservir à notre volonté, aux besoins de nos grandes industries métropolitaines cette terrible puissance de la nature tropicale. Au prix de ce double effort, la terre de l'épouvante deviendra la terre de la fécondité.

CHAPITRE V

LA FRANCE DE L'OCÉAN INDIEN

Il n'est pas de planisphère, où soient figurées les grandes routes maritimes internationales, qui ne montre un fuseau de lignes aboutissant au canal de Suez et divergeant, à la sortie de la mer Rouge, vers les Indes anglaises, les Indes néerlandaises, l'Australie, Madagascar et la Côte Orientale d'Afrique.

Le trajet canal de Suez-mer Rouge apparaît ainsi comme le couloir d'accès de la maison européenne. Porte ouverte sur tout le véritable Orient, non plus l'Orient des *Odes et Ballades*, non plus celui des romantiques et des amateurs de « turqueries », mais sur les terres qui produisent le riz, le caoutchouc, le sucre, le thé, la soie, et tant d'autres matières premières, sans l'arrivée régulière desquelles l'Usine-Europe serait obligée de fermer.

Les philosophes ne passent pas tout leur temps, comme disait je ne sais quel fin lettré, « à assembler des nuages sur des trous, » et lorsque Leibniz ouvrait à l'imagination et à l'ambition de Louis XIV les portes d'or de l'Orient, loin de faire œuvre de rêveur, il rendait à notre pays un service qu'il convient de ne pas oublier. Dès le temps du grand roi, l'idée de percer le canal de Suez était examinée ; Savary l'expose dans son livre du *Parfait négociant*, et lorsque Louis XIV envoyait à la cour du Grand Seigneur La Haye-Ventelet ou le sieur de Nointel, il les chargeait d'obtenir du sultan la franchise du transit à travers l'isthme de Suez, et le droit d'établir de part et d'autre de cet isthme des entrepôts où transiteraient librement les marchandises venues de l'Europe et de l'Asie. La soudure serait ainsi établie entre les grandes Compagnies commerciales auxquelles Louis XIV avait donné le monde à se partager.

Cette grande idée française reçut seulement en 1869 sa parfaite exécution française. Comme presque toutes nos plus audacieuses conceptions nationales, c'est surtout à d'autres qu'elle servit. Construit par nos ingénieurs, et en grande partie par nos capitaux, défendu pendant la guerre par nos aviateurs et par nos marins, le canal de Suez est aujourd'hui sous le contrôle britannique.

Mais notre pays n'attendit pas le percement du canal de Suez pour s'assurer des bases d'action dans l'océan Indien et pour y jouer un rôle de premier plan. A l'époque où la route des Indes passait par le cap de Bonne-Espérance, au temps où il fallait sur cette route des ports de relâche bien pourvus de « rafraîchissements », Louis XIV jeta les yeux sur une terre qui possédait alors, à l'entrée de l'océan Indien, une valeur stratégique comparable à celle qu'Aden a conquise aujourd'hui. Il s'agit de Madagascar et nous sommes ainsi conduits à commencer par la Grande Ile l'étude des entreprises poursuivies par la France dans l'océan Indien. Aussi bien, cette France orientale dont avait rêvé le grand roi est-elle aujourd'hui, parmi toutes les France lointaines que nous voudrions faire mieux connaître, une de celles qui nous font le plus d'honneur et dont nous devons attendre le plus de succès.

I. *Madagascar.*

Le 21 mai 1620, deux navires français, le *Montmorency* et l'*Hermitage*, commandés par un hardi Dieppois, Augustin de Beaulieu, relâchaient sur la côte ouest de Madagascar, dans la baie de Saint-Augustin. Beaulieu, montant sur le sommet qui dominait la baie, vit un paysage de prairies et de collines qui lui parut de la plus grande fertilité. Il entra en relations avec les indigènes et conclut avec leur chef, au son des trompettes et des tambours, une alliance cimentée par des présents. Tel est notre plus ancien traité avec Madagascar.

Beaulieu naviguait au compte d'une « Compagnie des Indes orientales », fondée à Paris le 5 février 1619 Toute sa vie il pensa à Madagascar ; dans un mémoire adressé au cardinal d'Effiat au début de 1632, il définit très simplement et très heureusement les raisons de fonder un établissement dans la Grande Ile. « Je diray que les Français se doibvent habituer en l'isle Madagascar veü que les Portuguays, les Holandois et Anglois ne s'y sont jusques à présent arrestez. »

Fut-ce sur les conseils de Beaulieu? Voici un autre Dieppois à Sainte-Luce (côte Est), en juillet 1638 : le *Saint-Alexis*, patron Alonse Goubert. François Cauche de Rouen et Sébastien Drouard débarquent de ce navire et explorent, pendant les années qui suivent, les côtes sud de l'Ile.

Lorsqu'ils reviennent à la côte Est, en fin 1641, ils trouvent un fort construit à Sainte-Luce par Jacques Pronis et Jean Fouquembourg, nouvellement débarqués du *Saint-Louis* avec quarante colons. Peu après, Fort-Dauphin était fondé. Tels sont les *précurseurs*, les pionniers dont un roman récent vient de faire revivre l'épopée.

Après ces hardies initiatives, voici un peu d'organisation : en janvier 1642 est fondée « la Compagnie d'Orient », dont le siège est rue de la Verrerie, dans l'hôtel de Fouquet. Elle prend comme agents Pronis, puis Étienne de Flacourt. L'affaire traîne jusqu'en 1654 ; à ce moment intervient un véritable animateur, le duc de La Meilleraye, grand maître de l'artillerie, gouverneur de Bretagne, qui fit tant pour la prospérité de Nantes. En 1656, il envoie à Fort-Dauphin une belle escadre de quatre vaisseaux, portant 126 canons et montée par 800 hommes. Mais le sort s'acharna contre cet armement ; seule des quatre navires, la *Maréchale* revenait à Saint-Nazaire le 1er septembre 1657. Réarmée en 1660, elle devait faire naufrage dans les parages du Cap. On trouva dans les papiers de Fouquet un mémoire que le maréchal avait rédigé peu de temps avant sa mort : vaincu mais non abattu par la fortune adverse, il proposait de s'emparer, avec 750 hommes, de Madagascar et des îles voisines (aujourd'hui Réunion et Comores) et, cette base organisée, de rayonner vers Ceylan, la Perse et la Chine.

Fouquet aurait peut-être été capable de reprendre ce grand dessein. On sait l'intérêt passionné qu'il porta aux choses de la mer. Mais ses ambitions maritimes furent justement une des causes de sa perte. Il était réservé au souverain qui en avait pris ombrage, à Louis XIV, de tenter un des efforts les plus grandioses que jamais la France ait poursuivis, en faveur de Madagascar.

Fouquet est arrêté en 1661 ; à partir de cette date, Colbert va diriger le roi dans l'étude des grands problèmes d'où dépendent la richesse et l'indépendance de la France. Pour toutes les denrées coloniales (il s'agissait surtout alors de denrées de consommation comme le sucre et les épices), nous étions tributaires de l'étranger et spécialement de la Hollande. Les Provinces-Unies tiraient de leur commerce maritime et colonial cette richesse qui assurait leur indépendance et où le Roi Soleil voyait déjà une menace.

Les sources de cette prospérité n'étaient pas difficiles à découvrir. La Compagnie hollandaise des Indes avait à sa solde, en 1661, 80 000 employés ou matelots, 15 000 hommes de troupes. Créer une entreprise semblable parut au roi une nécessité à la fois économique et politique. Capter pour son peuple une partie des richesses de l'Asie, et, si un jour la fortune des armes le permettait, vaincre à la fois la Hollande, en Europe et dans les régions mêmes d'où elle tirait son pouvoir, tel fut le plan que forma Louis XIV entre les années 1661 et 1664, et qu'il poursuivit opiniâtrément pendant dix ans, en engageant dans cette entreprise les millions de sa cassette et son prestige de souverain.

Louis XIV fonda la Compagnie des Indes orientales suivant les méthodes que l'on appellerait aujourd'hui les plus modernes : il commença par constituer une sorte de « syndicat de lancement », composé de négociants parisiens ; il les reçut en audience solennelle à Fontainebleau, le 28 mai 1664, leur offrit un somptueux dîner, annota et approuva de sa main le projet de statuts en quarante articles qu'ils lui soumirent. Puis « il soigna sa publicité » et chargea un membre de l'Académie française, nommé Charpentier, de rédiger un tract de réclame sur les merveilles de Madagascar. Le roi lui-même s'occupa de placer les actions ; il y avait 15 000 titres de 1 000 livres, payables par tiers. Une véritable « circulaire » est envoyée aux maires et échevins de cent dix-neuf villes de France, et cette circulaire porte le sceau royal, c'est une lettre de cachet. Une sorte de « syndicat de garantie » est formé, le roi s'inscrit pour deux millions de livres, la cour pour deux millions, la finance pour deux millions, les cours souveraines pour 1 200 000 livres. Toutes les formes de publicité sont employées à la fois : le premier versement du roi traverse Paris sur des chariots qu'entoure une compagnie de Suisses. Un capitaine de navire, revenu récemment de Madagascar, M. de Kercadiou, fait des conférences sur son voyage.

Pendant que l'on chauffe ainsi l'enthousiasme, Colbert travaille sans bruit. Il faut sans aucun doute voir son influence dans la rédaction des statuts qui sont donnés à la Compagnie, dès le 26 octobre : ils établissent qu'il ne sera fait au point de vue du droit aucune distinction entre les indigènes et les Français. Jamais décrets de la Constituante ou de la Convention ne témoignèrent d'un plus haut souci de la dignité humaine. Faut-il reprocher à ces statuts d'avoir voulu donner aux habitants de Madagascar une sorte d'encadrement féodal? Le principe de respecter les autorités locales, de les hiérarchiser n'est pas si sot. Évidemment il est d'un pittoresque un peu ridicule de vouloir donner à des chefs indigènes les titres de ducs, de marquis et de comtes, mais la hiérarchie est la forme extérieure de l'ordre, et c'est d'ordre surtout qu'ont besoin les sociétés primitives. Et puis il n'était pas maladroit d'attirer à Madagascar les « cadets de fortune » en leur promettant là-bas titres et blasons.

Auprès des artisans, la réclame ne fut pas moins active, et elle pouvait être plus utile encore. Ce qu'il fallait à la colonie nouvelle, c'était surtout des gens de métiers, des charpentiers, des maçons, des fabricants de draps, de chaussures ; on promit *par voie d'affiches* aux ouvriers de France, à une époque où les corporations étaient si jalousement fermées, le droit d'exercer la maîtrise de leur art, dans n'importe quelle ville de France, lorsqu'ils auraient passé quelques années à Madagascar. A cette sagesse pratique, il faut reconnaître la marque d'un grand ministre ; d'emblée, Colbert va à l'essentiel. Il nous a fallu plus de temps qu'à lui pour comprendre la nécessité d'organiser un artisanat colonial.

Dès la fin d'octobre, les versements sur le premier tiers affluent. Ils ne sont pas entièrement acquittés cependant. Si les ports maritimes ont bien « donné », Paris a boudé. Il y a toutefois assez d'argent en caisse pour presser les armements. Le 6 mars 1665 partent de Brest le *Saint-Paul*, la *Vierge de Bon-Port*, le *Taureau* et l'*Aigle-Blanc*, soit 494 officiers, matelots et passagers, sous la conduite de deux « robins », les présidents de Beausse et de Montaubon. Étrange habitude française de faire trop de confiance à des hommes d'âge ! L'un avait soixante-sept ans, l'autre soixante-trois ; à cette période de la vie, il est trop tard pour entreprendre une éducation coloniale ou pour s'acclimater sous les tropiques.

Deux semaines après leur départ, le 20 mars 1665, « l'Assemblée constitutive » chargée d'élire le conseil d'administration (l'on disait alors les directeurs) se réunit au Louvre en présence du roi, de Colbert, des présidents des cours souveraines, des plus grands seigneurs de la cour. Le dépouillement du vote fut fait en présence du souverain, qui signa de sa main le procès-verbal.

Malgré tout cet appareil, un divorce s'accuse entre le roi et l'esprit public. Trop de publicité, trop de pression fait fuir la confiance qui, chez nous, est volontiers frondeuse de l'autorité. Frondeuse ! La Fronde était encore toute proche... Et puis l'opinion se rendait compte d'une divergence chaque jour plus grande entre les désirs du roi et les siens propres. Pour des raisons mystérieuses qui échappaient encore au public, le roi voulait *d'abord* coloniser Madagascar, et les marchands, ne voyant dans cette île qu'une simple relâche, voulaient trafiquer le plus vite possible sur la côte de Coromandel. Il y eut une sorte de « secret du roi » que les souscripteurs pressentirent ; de cette intuition résulta d'abord un malaise, puis de ce malaise, la panique.

Le 31 mars 1665, la souscription était close ; il restait près de 7 millions à placer sur 15. Au moment de l'appel du deuxième tiers, les quatre cinquièmes des souscripteurs se dérobèrent. Le roi ordonna de passer outre. Les armements furent poursuivis, endettant la Compagnie chaque jour davantage. Le 14 mars 1666 partait un deuxième convoi de 10 navires, portant 421 gens de mer, 212 officiers et soldats, 956 « civils » dont 32 femmes et enfants. Sur le vaisseau amiral, le *Saint-Jean-Baptiste*, était monté le gouverneur désigné, le marquis de Montdevergue, brave soldat loyal et expérimenté sans lequel tous les gens de cœur qui avaient eu la foi et étaient partis n'eussent jamais pu surmonter les difficultés qui les attendaient. A la suite de circonstances diverses, cette escadre mit un an à arriver à Fort-Dauphin (le 14 mars 1667).

Cette année fut pour le roi une terrible période

d'inquiétudes et de déceptions. Il sentait ses sujets lui échapper ; seuls, des faits indiscutables pouvaient ramener la confiance. Il avait prescrit à la première expédition de lui envoyer aussitôt que possible un navire chargé d'*échantillons*, pour intéresser les marchands. La *Vierge de Bon-Port* fut chargée de ce rôle de *navire-exposition*. « Fardée comme une coquette, écrit un de ses rares survivants, ajustée de banderoles, les galeries peintes à neuf et tous ses vieux dehors revêtus de belles apparences », elle était en vue de Guernesey, le 9 juillet 1666, lorsque trois vaisseaux lui barrèrent la route. « Amène pour le roi d'Angleterre », crie l'Anglais. Truchot de la Chesnaye riposte de ses vingt canons. Il n'a que soixante et onze hommes d'équipage, mais qui tirent bien. L'un d'eux, Petit de la Lande, une jambe et un bras emportés, se fait « planter » dans les haubans pour combattre encore. Quarante hommes jonchaient les ponts, lorsque l'Anglais y saute, mais à peine l'*Orange* a-t-il jeté ses grappins, que notre navire, percé comme une écumoire, s'en va par le fond, entraînant son vainqueur.

Il n'était pas dans le tempérament du roi d'accepter sans riposte les coups de la fortune. Le 23 décembre, il expédie la *Couronne* à Montdevergue pour lui annoncer l'envoi de six autres navires. Mais le troisième versement, d'un montant nominal de deux millions 709 000 livres, n'en donna que 16 000, et sur les sommes réellement souscrites le déficit était déjà voisin de deux millions. En avril 1667, les directeurs s'inquiètent et obtiennent du roi la promesse qu'il sera sursis au troisième armement jusqu'au jour où l'on aura reçu des nouvelles du gouverneur. Toute une année encore se passe sans rien recevoir de lui. Le prince ne désespère pas, et annonce le 21 septembre 1668 qu'il remet deux millions dans l'entreprise et garantit les pertes.

Quelques jours après parviennent enfin des nouvelles de la colonie. Montdevergue raconte les souffrances du long voyage, l'arrivée pleine d'espoir devant Fort-Dauphin, puis la déception atroce : on ne les attendait plus, il n'y avait plus rien à manger ; la faim, les maladies avaient fait des coupes sombres parmi les arrivants. A ce rapport, le porteur, un officier trop bavard, ajoutait partout à travers la ville les plus tristes détails. Ce fut la panique. Tout le monde préféra abandonner ses premiers versements plutôt que de les compléter. Le roi tient tête à l'orage ; le 15 décembre 1668, il convoque aux Tuileries une assemblée générale qu'il préside en personne, avec le plus grand éclat, et prend lui-même la parole, laissant espérer que les bénéfices des Indes compenseront largement les pertes de Madagascar et faisant des menaces à peine déguisées à ceux « qui ont abandonné ».

En janvier 1669 le roi écrit à Montdevergue une mercuriale, comme en méritent quelquefois les chefs d'exploitations coloniales en passe de découragement, et autorise le directeur commercial de la Compagnie à le relever de son commandement. Le principal directeur, Caron, écrit à ce moment un long réquisitoire contre Montdevergue. Dans toute sa force éclate l'opposition entre les Indes et Madagascar, entre les actionnaires et le roi. A l'automne 1669 la Compagnie vend au roi la Grande Ile pour un million de livres ; les bâtiments ne toucheront plus Fort-Dauphin, ils se ravitailleront à l'Ile de France.

La première partie du plan de Louis XIV, la colonisation de Madagascar, avait échoué ; intrépidement le souverain tenta la seconde : la lutte contre le commerce hollandais aux Indes. Depuis plusieurs années, lentement, patiemment, il préparait l'encerclement diplomatique des Provinces-Unies ; la guerre grondait en Europe, l'heure était venue d'avoir dans l'océan Indien une escadre capable de mériter par ses victoires qu'on parlât des Indes lors des négociations de paix.

Le 29 mars 1670, une belle escadre composée de huit navires dont cinq vaisseaux, quittait la France sous le commandement d'un officier de terre (le cas était alors commun), Blanquet de la Haye. Elle emportait plus de 2 000 hommes d'équipage, 400 soldats, 238 canons. Assez forte pour faire respecter partout le pavillon fleurdelisé, elle devait toucher à Madagascar, relever Montdevergue de son commandement, de là atteindre Surate et, en mars 1672, rallier Madagascar. Pourquoi ce dernier ordre et cette date ? L'histoire répond : en mars 1672, la guerre de Hollande éclatait. Nous traduirions aujourd'hui cet ordre : les croiseurs corsaires devaient rallier leur base pour s'y tenir prêts à tout événement. C'est ainsi qu'en juillet 1914 tant de charbonniers allemands partirent sur des routes qui paraissaient saugrenues, afin d'être exacts à des rendez-vous longuement prémédités par l'état-major germanique.

Le 23 novembre 1670 l'escadre arrivait à Madagascar, et, le 4 décembre, en grand apparat, au bruit du canon, La Haye prenait possession de l'Ile. Le 9 février 1671, Montdevergue s'embarquait pour la France ; aussitôt arrivé il était arrêté, enfermé au château de Saumur, où il mourait de chagrin peu après. Par sa politique brutale envers les indigènes, La Haye ruinait en quelques mois toute l'œuvre que nous avions poursuivie depuis Cauche et Pronis et qui commençait à porter de beaux fruits. Une insurrection générale éclatait ; mais pas un colon ne voulut partir avec l'escadre qui, le 26 juin 1671, prenait la route des Indes. Nous verrons ailleurs comment La Haye s'y comporta. Qu'il nous suffise de dire en quelques lignes ce que fut « la liquidation » de l'entreprise royale sur Madagascar.

Après le départ de l'escadre, nos colons, dont les plantations commençaient à être la joie et la fierté, périssent les uns après les autres dans des embuscades. Le 27 août 1674, c'est un massacre général. Une poignée à peine se réfugie à Fort-Dauphin. Et le 9 septembre au soir, un navire français qui passait de fortune, le *Pigeon Blanc*, attiré par des signaux semblables à ceux des naufragés, recueillait les derniers survivants : ils étaient *soixante-trois*. Et, en vérité, est-il naufrage plus poignant que celui de tant d'espérances, humbles et royales?

Si les larmes et les deuils de ces pauvres gens nous ont retenu, comme les années d'angoisse vécues par l'un de nos plus grands princes, le lecteur voudra bien reconnaître que ces dix ans — 1664-1674 — avaient donné à la France des droits incontestables sur Madagascar. Les premiers murs de pierre élevés dans ce pays ont été édifiés par des mains françaises, et sur ces fondements, conservés, paraît-il, en quelques points par la terre rouge de la Grande Ile, il était réservé à d'autres Français de bâtir une grande œuvre.

Nous ne saurions ici tenter un portrait de tous ceux qui, avant notre conquête définitive, tentèrent de donner quelque réalité à cet arrêt rendu en Conseil d'État le 4 juin 1686, par quoi Madagascar était officiellement réunie à la couronne de France. Pendant ces deux siècles, nous voyons cependant, à travers les pièces d'archives et de bibliothèques, apparaître de bien curieuses figures : un aventurier polonais, Benyouski, sorte de sorcier aux yeux des indigènes, qui tenta de se tailler un royaume sur la côte Nord-Est, un envoyé de la Constituante, Lescallier, puis, sous l'Empire et la Restauration, Sylvain Roux, à qui la France dut quelque temps Tamatave et Sainte-Marie.

Au lendemain du traité de Paris, notre pays, après avoir sacrifié l'Ile de France à l'Angleterre, sut, non sans difficultés (er raison des intrigues du gouverneur Farquhar, gouverneur de cette île), maintenir ses droits sur la Grande Ile. Deux expéditions furent même envoyées par le gouverneur de Bourbon ; l'une nous rendit maîtres passagèrement de l'île Sainte-Marie, l'autre de Tamatave et de Tintingue.

Deux faits résument l'histoire de Madagascar pendant le dix-neuvième siècle jusqu'à notre conquête : d'une part, les tentatives successives faites par la monarchie hova, maîtresse de l'Émyrne, pour étendre sa domination sur le reste de l'île ; d'autre part, le conflit des influences que faisaient agir auprès de cette cour deux grandes puissances européennes : l'Angleterre et la France. Dans cette lutte, la Grande-Bretagne était représentée par ses missionnaires, dont le plus intrigant fut le célèbre Ellis ; la France, par quelques hommes de cœur, Jean Laborde, Lambert, de Lastelle. Laborde fut le type du Gascon débrouillard ; il n'est pas d'industrie qu'il ne tenta d'apprendre aux Hovas : fonderie de canons, verrerie, papeterie, faïencerie, sucrerie, savonnerie, magnanerie... j'en passe. Toujours animé du patriotisme et du désintéressement les plus élevés, ruiné au milieu de sa vie par une révolution de palais, recommençant la lutte avec une sérénité parfaite, il fit signer, par la cour de Tananarive, un traité assez avantageux qu'avait apporté Francis Garnier au nom de Napoléon III.

En fait, les gouvernements successifs de la France pendant le dix-neuvième siècle furent toujours paralysés dans la réclamation de nos droits par une crainte et par une erreur : une crainte, celle de l'Angleterre : une erreur, celle de prendre au sérieux ce gouvernement hova, de le considérer comme « le royaume de Madagascar », alors que son autorité effective était loin de s'étendre à toute l'île.

Mais, peu à peu, devait s'imposer cette logique des événements plus forte que les combinaisons de la politique, dont nous avons eu l'occasion déjà de signaler le rôle dans d'autres parties de la plus grande France : les droits acquis de nos nationaux (spécialement les héritiers de Jean Laborde) et les prétentions des Hovas, enhardis par nos hésitations, devaient amener un conflit. Il se produisit de 1883 à 1885. Après diverses opérations maritimes (où se signalèrent les amiraux Pierre et Galiber) et militaires (où le commandant Pennequin remporta quelques brillants succès), un traité franco-malgache était signé à Tananarive le 17 décembre 1885, par lequel la France devenait devant l'étranger la tutrice officielle du royaume de Madagascar. Un résident français s'installait à Tananarive, nous obtenions le droit de nous établir dans la base de Diégo-Suarez.

C'était un progrès, non une solution : le gouvernement hova existait encore, ne cessant de susciter des difficultés au résident général de France sur les questions de politique extérieure et laissant impunis trop de crimes envers nos colons pour ne pas être suspect de les avoir provoqués. Dix ans après le traité de Tananarive, il fallait en venir à l'*ultima ratio* : la guerre. La préparation de l'expédition confiée d'abord à la Marine qui s'en était acquittée avec beaucoup de soin, de prévoyance et d'activité, fut enlevée à ce département, à la demande du ministère de la Guerre qui montra moins

de compréhension des expéditions coloniales (1).
Des troupes métropolitaines (200ᵉ régiment d'infanterie, 40ᵉ bataillon de chasseurs), composées
de tout jeunes gens et commandées par des officiers trop âgés (Lantonnet était commandant à
cinquante-quatre ans !), furent employées moins à
combattre qu'à construire une route de Suber-
bieville à Andriba, une route où pourraient passer
les trop fameuses voitures Lefèvre. Une ligne de
postes et des convois de mulets eussent suffi à nos
ravitaillements. Le général Duchêne, effrayé des
pertes subies, non par le feu mais par les maladies,
faisait cesser les travaux le 7 septembre, lançait
le 14 une colonne légère dans la direction de Tananarive. La capitale capitulait le 29. Le 1ᵉʳ octobre,
la paix était signée. Le 27 octobre, le Parlement
français déclarait Madagascar possession de la
France.

L'obstacle véritable à tous nos progrès, à toute
paix, le gouvernement de la reine, n'était pas sup-
primé ; bientôt cette faction fomentait contre
nous une insurrection terrible : nos colons, nos
missionnaires étaient assassinés, nos convois coupés sur toutes les routes. Tous nos efforts passés
allaient-ils demeurer stériles ? C'est alors que la
France envoya, comme résident général, le grand
soldat qui partout, au Soudan, au Tonkin, l'avait
si bien servie : le général Galliéni.

Devant ce clair regard, les fantômes perdaient

(1) Voir à ce sujet un article remarquable et docu-
menté de l'amiral Bienaimé dans *le Correspondant* du
25 septembre 1907.

vite toute consistance, et le gouvernement malgache n'était-il pas un fantôme? Le 9 septembre 1896, Galliéni arrive à Madagascar. Le 30 octobre, deux ministres complices des rebelles sont fusillés. Le 28 février 1897, la reine est déposée et exilée à la Réunion, la royauté abolie. En deux ans, l'île entière est pacifiée et organisée. Par quels moyens? Par l'intelligence, par le choix des hommes, par l'ordre. Par l'intelligence qui séric les problèmes et leur donne une solution rapide et juste, par le choix des hommes qui met chacun en face de ses responsabilités et l'utilise au maximum de ses talents, par l'ordre, c'est-à-dire par la coordination des efforts. Sur tous les points du monde où il passa, Galliéni mit la marque indélébile du génie latin. Tous travaillaient avec joie sous son commandement, et voici ce que le colonel Lyautey écrivait le 20 novembre 1897 d'Ankazobé à un de ses amis :

« Si j'ai eu mon petit frisson de chef victorieux en recevant à mon bivouac l'aman de Rabezavana, je trouve d'autres joies à ouvrir des routes, à inventer une ville, à stimuler des écoles, à suivre des essais d'orge, de pommes de terre et de vanille ; et surtout, surtout, à voir les maisons sortir de terre, les rizières se défoncer, les marchés grouiller de monde, là où il y a six mois je ne voyais que des pans de murs noircis, des terres incultes et l'horizon désert. »

Madagascar entrait dans la paix française.

CHAPITRE VI

LA FRANCE DE L'OCÉAN INDIEN

I. *Madagascar (suite).*

Depuis notre occupation définitive, la mise en valeur de la Grande Ile se divise en deux périodes distinctes, presque opposées : avant 1914, Madagascar reste une sorte de « Cendrillon coloniale », comme l'Afrique Equatoriale l'est demeurée, nous l'avons vu, jusqu'à ces toutes dernières années. Galliéni avait créé son premier chemin de fer, mais après le départ de ce grand organisateur, l'effort de la France semble se ralentir ; ni dans le budget métropolitain, ni dans le gouvernement local, ni parmi les capitalistes susceptibles d'aider à l'exécution de grands travaux publics ou de réaliser de puissantes entreprises privées, on ne trouve un grand enthousiasme en faveur de Madagascar. Les animateurs, la foi, ou si l'on veut la vogue, faisaient défaut.

Mais voici la guerre ; il faut à nos troupes des conserves pour se nourrir, des cuirs pour s'équiper, et l'on s'aperçoit que Madagascar possède un cheptel nombreux capable de servir utilement les besoins de nos armées. Voici l'après-guerre, la hausse formidable de toutes les matières premières dont les stocks ont été épuisés au cours de la tourmente : nous sommes obligés de payer à prix d'or la laine, le coton, le café ; une partie du territoire national a été ravagée, nous manquons de blé, cette France qui vit de pain s'inquiète de la soudure, on lui parle de produits panifiables : on s'aperçoit qu'il est criminel de donner du blé au bétail quand on peut l'élever avec du manioc. Coton, café, manioc, riz poussent à merveille dans la Grande Ile. Les hauts plateaux du centre offrent des territoires de grands parcours favorables à l'élevage du mouton, aussi bien que l'Afrique du Sud et l'Australie. Des industries nouvelles, comme l'industrie électrique, prennent dans le monde entier un essor prodigieux, et l'on constate que Madagascar offre à cette industrie quelques-uns des plus beaux gisements connus pour deux matières premières qui sont indispensables à l'outillage électrique : le mica et le graphite.

Toute cette richesse aux mille formes, Madagascar l'offre à ceux qui seront assez travailleurs pour la recueillir. Richesse infiniment plus précieuse que l'or, espérance des premiers prospecteurs de la Grande Ile (et Madagascar ne devait pas les décevoir) ; mais qu'est aujourd'hui ce métal jaune, sans autre usage que son emploi monétaire, à côté des produits du sol qui permettent aux hommes de vivre, à côté des minerais qui leur donnent le pouvoir de créer ou tout au moins d'asservir de grandes forces créatrices, elles aussi, de vie et de richesses, comme l'électricité?

Toute cette puissance en attente que représente Madagascar, la métropole commence à la soupçonner. Sur les pas des premiers grands explorateurs scientifiques de l'Ile, Grandidier, le Père Colin, sont venus une pléiade d'ingénieurs dont les rapports ont éveillé l'attention active des capitalistes français ; le grand public a suivi avec intérêt, dans plusieurs de nos revues les plus répandues (1), les récits de voyage qu'ont rapportés quelques écrivains de talent. Ils ont admiré ces paysages dignes de la douce France que de bons photographes avaient su reproduire. Après tant de déceptions et de sacrifices passés, voici l'éveil d'une France australe aussi féconde, aussi accueillante qu'avaient pu l'espérer Louis XIV, Colbert et les humbles premiers colons de Fort-Dauphin. Arrêtons-nous un moment à regarder ces cartes de valeur que Madagascar place aujourd'hui dans le jeu de la France.

Grâce aux progrès de l'agriculture, la Grande Ile non seulement se suffit pour plusieurs produits nécessaires à la vie humaine, mais encore commence à en exporter des tonnages considérables. Le riz est la base de l'alimentation des indigènes. Au moment de notre occupation, ceux-ci mangeaient à peine à leur faim, Madagascar devait acheter

(1) Articles de M. Demaison dans la *Revue des Deux Mondes*, et de M. Samat dans *l'Illustration*.

au dehors des quantités considérables de cette précieuse céréale. En 1913, ces achats se réduisent à 44 tonnes, et, depuis lors, les exportations ne cessent de s'accroître, elles décuplent largement, de 1917 à 1924 (80 000 tonnes contre 7 000). Pour le maïs, les progrès sont encore plus brillants : 16 000 tonnes en 1924 et 1925 contre 279 tonnes en 1911, soit *cinquante fois plus*.

Le manioc, un des produits de Madagascar les plus employés dans la féculerie (fabrication du tapioca), peut et doit prendre sur les marchés européens une place capitale, le jour où les agriculteurs voudront cesser de donner aux animaux de ferme le blé dont manquent les hommes. Si grande que soit leur routine, ils comprendront un jour qu'ils y ont avantage. Ce sera pour la France « la soudure » infiniment facilitée, probablement assurée, et la richesse pour Madagascar. Les exportations de manioc entre 1909 et 1924 ont passé de 1 à 276 (134 tonnes en 1909 contre 47 000 en 1924). Si merveilleuse que soit cette progression, elle est loin de donner une idée complète des progrès de la culture du manioc, car une partie de la récolte est utilisée par des usines de féculerie installées sur place. Celles-ci ont exporté, en 1924, 2 500 tonnes de tapioca.

Après les céréales ou produits susceptibles de les remplacer, viennent comme importance les graines oléagineuses. Jusqu'en 1907, Madagascar n'exportait pas d'arachides. A cette date, nous notons *six* tonnes dans les sorties de la colonie, en 1925 ce chiffre a atteint environ 9 000 tonnes.

L'arachide sera, à n'en pas douter, une des richesses de l'Ile, étant donné les besoins insatiables du monde moderne en matières grasses.

Voici maintenant les cultures qui ont fait le plus peut-être pendant ces dernières années pour la prospérité de la France australe : le café, dont les premiers colons venus de Bourbon tentèrent l'acclimatation dès que la Restauration occupa l'île de Sainte-Marie, est cultivé aujourd'hui sur la côte est de l'Ile dans de magnifiques plantations. Les exportations sont passées de 60 tonnes en 1906 à 3 359 tonnes en 1925 (*production multipliée par* 56 en moins de vingt ans).

Grâce à Madagascar et aux îles voisines, la France possède le contrôle du marché de la vanille, 500 tonnes par an sur 800 consommées dans le monde entier ; le girofle, autre denrée coloniale précieuse, est produit surtout par l'île de Sainte-Marie et compte aux exportations pour près de 900 tonnes valant 7 millions de francs. Enfin le tabac et les essences de parfumeries (géranium, citronnelle, ylang-ylang, vétyver) seront pour cette magnifique colonie des ressources nouvelles dont elle peut beaucoup attendre.

Au cours de l'année 1924, un ingénieur agronome de talent a accompli à Madagascar, au nom de l'Association cotonnière coloniale, une mission d'études dont le but était de rechercher si la culture du coton pouvait obtenir un rendement véritablement industriel dans la Grande Ile, où elle a été déjà l'objet de nombreux essais. Les conclusions de ce rapport sont très nettes ; la plupart

des cours d'eau qui se déversent sur la côte ouest
offrent des vallées favorables à la culture du cotonnier. D'excellentes conditions se trouvent également réunies dans le pays Betsileo, et sur la rive
ouest du lac Alaotra. Ces diverses régions réunies
pourraient, le jour où elles seraient mises en pleine
culture, produire la dixième partie environ du
coton exigé par les filatures françaises.

Il faut noter aussi la culture de la canne à sucre,
qui paraît avoir trouvé à Nossi-Bé sa terre d'élec-
tion. C'est là qu'a été installée une sucrerie importante, capable de produire 10 000 tonnes. Enfin,
dans le sud de l'île, à côté de Tuléar, on cultive le
sisal. Ce textile, tiré d'un aloès géant, est recherché
sur le marché mondial et trouve dans la corderie
des débouchés considérables.

A côté de l'agriculture, l'élevage. De tout temps
le Malgache a été fier de ses troupeaux, mais
fierté n'est pas synonyme de savoir, ni d'expérience. Il a fallu l'occupation française pour apprendre aux indigènes la sélection des espèces,
et pour introduire des variétés nouvelles. Nos
efforts se sont heurtés à l'alternance rigoureuse
d'une saison sèche de mai à octobre, pendant laquelle disparaît la luxuriante végétation fourragère
qui assure durant la saison des pluies la nourriture
du bétail. Cet obstacle n'est pas insurmontable ;
il nous impose un effort de méthode, de travaux
d'irrigation, de prévoyance. Il s'est présenté aussi
en Australie et dans l'Afrique du Sud, et il a été
vaincu par d'autres, comme nous pourrons le
vaincre. Le troupeau malgache a fourni pendant

certaines années de guerre 150 000 bœufs aux usines qui travaillaient pour l'intendance française. Aujourd'hui, les exportations (10 000 tonnes environ valant 40 millions) prennent presque entièrement la direction de l'Ile Maurice par le port de Vohémar.

Si précieuse que puisse être pour la France cette réserve de troupeaux bovins, il nous faut demander surtout à la Grande Ile de devenir une de nos principales pourvoyeuses de laine. On sait les efforts tentés avec succès par les chambres de commerce de Roubaix et de Tourcoing pour acclimater à Madagascar le mouton mérinos de l'Afrique du Sud. Il y a tout lieu de penser que ces efforts poursuivis avec l'expérience, la ténacité et les moyens puissants de leurs promoteurs, secondés avec zèle par l'administration, fourniront d'ici quelques années une contribution appréciable à notre industrie lainière.

Toutes ces productions agricoles, si intéressantes qu'elles soient, ont une limite : la main-d'œuvre. Pour une superficie de 625 000 kilomètres carrés, la population indigène n'atteint pas 3 millions et demi d'habitants. La superficie cultivée est d'environ 1 300 000 hectares, dont 150 000 par les colons européens (le nombre de ceux-ci ne s'élève pas à 30 000). Comme qualité, cette main-d'œuvre est moyenne, sans être véritablement bonne. Elle a cependant fait un effort, puisque les statistiques permettent d'enregistrer, au lieu d'un commerce total de 17 millions et demi de francs en 1896, une somme d'échanges égale à

932 millions de francs en 1925 (dont 440 millions aux exportations). Toutefois la loi du nombre est une loi inflexible : les grandes plantations ont déjà beaucoup de mal à recruter, à conserver une main-d'œuvre stable. Il faut à tout prix ici encore, comme dans nos autres colonies, veiller jalousement à la protection, à l'accroissement de la race. Nous avons multiplié les dispensaires (7 en 1921, 75 en 1925, une centaine en 1926), fait passer le nombre des médecins indigènes, entre 1913 et 1925, de 153 à 235, doublé pendant la même période celui des sages-femmes. Nos efforts ont déjà produit des résultats : l'excédent des naissances sur les décès a dépassé 10 000 individus en 1924 ; mais ces chiffres sont bien faibles encore. L'exécution prochaine d'un programme de grands travaux publics va utiliser au maximum toute la main-d'œuvre indigène. Le problème se pose déjà d'attirer à Madagascar une main-d'œuvre étrangère. Mais la solution, en admettant qu'elle soit prise après une étude soigneuse de la *qualité* des immigrants, ne dépendra pas de nous seuls.

En attendant, efforçons-nous de remédier à l'insuffisance numérique de cette main-d'œuvre, par l'amélioration constante de l'outillage.

Les richesses minières de Madagascar sont plus belles encore que ses richesses agricoles. Elles ne craignent pas les cyclones ; pour être exploitées dans les meilleures conditions de rendement, elles ont moins besoin de bras que de machines, en raison des progrès que l'industrie minière a faits dans le monde, depuis vingt ans. Une crise de main-d'œuvre est moins grave pour une mine que pour une plantation de café, de coton ou de vanille. Dans une mine, « la récolte » peut attendre ; elle ne risque pas d'être compromise par un retard de quelques jours dans la cueillette, dans telle ou telle façon agricole.

Le sous-sol de Madagascar contient les minerais les plus variés. L'or et le platine, dont la prospection n'a pas été conduite avec toute la rigueur scientifique voulue, sont recueillis dans les sables de certaines rivières. Il s'agit de quelques centaines de kilos par an pour l'or (l'année record fut 1909, avec 4 000 kilos), de quelques centaines de grammes pour le platine. On ne peut manquer de trouver un jour les filons d'où proviennent les sables des vallées chargés de ces métaux précieux.

Pour le pétrole, des études actives, conduites par des techniciens de valeur, ont été entreprises dans la province de Morondava (côte ouest) et plus au nord, à Bemolonga. Un véritable campement scientifique est installé sur la rivière Mitsrotaka, à trente kilomètres environ au nord de Morafénobé. Jusqu'ici, en ces différents points, on n'a rencontré que des bitumes visqueux, mais il est fort possible d'arriver à trouver du pétrole

Quant au charbon, il résulte d'une série de recherches poursuivies depuis 1910 par le gouvernement général, qu'il existe dans le sud, à 160 kilomètres environ de Tuléar, à Yanapera, des gisements considérables. Une voie ferrée sera nécessaire pour les exploiter, mais la qualité du combustible provenant de cette région est nettement supérieure à celle des charbons du Natal.

Enfin Madagascar a pris depuis la guerre une place sans cesse plus importante parmi les producteurs mondiaux de mica et de graphite. Le sud de l'île (au nord-ouest de Fort-Dauphin) possède des gisements de mica fort importants et d'une qualité de premier ordre. Dès aujourd'hui, la production de Madagascar représente 7 pour 100 de la production mondiale. Le rendement de ces gisements (exploités généralement à ciel ouvert par des indigènes) pourra être très notablement développé le jour où une société puissante, qui vient de racheter un nombre considérable de ces mines, pourra utiliser un matériel et appliquer des méthodes véritablement modernes. Étant donné les multiples emplois du mica, non seulement en électricité, mais encore en optique, dans la construction des appareils de chauffage, pour la préparation de mélanges lubréfiants, et même pour la fabrication de certains pneumatiques, il y a tout lieu de penser que les micas de Madagascar, déjà très estimés sur le marché mondial, trouveront des débouchés de plus en plus étendus.

Aussi recherché que le mica par les industries électriques, le graphite se rencontre en abondance à Madagascar, soit sur les haut splateaux, dans les provinces de Tananarive, Antsirabé, Ambositra et Fianarantsoa, soit sur la côte, dans les provinces de Tamatave, Moramanga, Vatomandry,

Mananjary et Farafangana. Dès maintenant et après bien des efforts tendant soit à améliorer la présentation de ces minerais, soit à empêcher certains intermédiaires étrangers de vendre sous de fausses appellations d'origine les plus beaux graphites de Madagascar, afin de discréditer cette provenance, les graphites de la France australe rivalisent auprès des consommateurs du monde entier, et spécialement aux États-Unis, avec les graphites de Ceylan. Les mines de graphite présentent dans notre colonie des conditions d'exploitation infiniment meilleures que celles des mines cingalaises. Elles sont généralement exploitées à ciel ouvert, tandis qu'à Ceylan il est nécessaire de chercher le minerai à plusieurs dizaines, quelquefois à plusieurs centaines de mètres de profondeur. De plus, les graphites de Madagascar, mêlés généralement à de la silice, sont extrêmement faciles à dégager, alors qu'à Ceylan ils se présentent en roches dures qu'il faut attaquer à la dynamite. Les exportations de graphites de Madagascar ont atteint, en 1925, 15000 tonnes, valant 21 millions de francs (1).

Telles sont les principales richesses de Madagascar. Nous avons eu rarement l'occasion de signa-

(1) Afin de ne pas allonger cette étude, nous n'avons pas parlé des gisements de fer, de cuivre, de cristal de roche, ni des pierres précieuses que l'on trouve aussi dans la Grande Île. Nous renvoyons le lecteur aux ouvrages techniques, spécialement à ceux de M. Lacroix, l'éminent secrétaire perpétuel de l'Académie des Sciences.

ler jusqu'ici, dans ce tour d'horizon que nous avons tenté sur les vastes étendues de la plus grande France, des progrès aussi rapides que ceux accomplis par certaines cultures de la France australe. Peut-on espérer voir se continuer longtemps les mêmes progressions géométriques? Le problème de la main-d'œuvre nous force de mêler quelques réserves à nos espérances. Mais il se trouve que les plus belles richesses de Madagascar, celles qui apportent à la métropole la contribution la plus originale, pourrait-on dire, dans cette somme immense de ressources que peuvent nous fournir les France lointaines, sont les richesses minières. Pour exploiter ces gisements, le perfectionnement de l'outillage peut nous aider à vaincre plus facilement que dans les exploitations agricoles l'insuffisance de la main-d'œuvre en quantité et en qualité. Par outillage, nous entendons non seulement celui des entreprises privées, mais encore « l'équipement général du pays », dont M. le gouverneur général Olivier poursuit le programme avec l'activité la plus clairvoyante et la plus tenace. La métropole ne doit pas ménager son aide matérielle à un pays si riche de possibiités.

Au terme de cette étude, nous ne pouvons nous mpêcher de revenir par la pensée au temps où Louis XIV voulut assurer à la France la possession de cette terre. Depuis lors, elle est sortie de la grande route commerciale et stratégique du monde dont elle était jadis un des atterrages. Elle est reliée à nous par nos lignes de navigation

en temps de paix, par notre marine en temps de
guerre, et ce n'est pas sans une ombre de mélan-
colie que nous rappellerons en terminant ce mot
d'un grand ministre : « Une nation sans marine
est un oiseau sans ailes. »

CHAPITRE VII

II. *La Réunion.*

Au point de vue historique, il est impossible de séparer la Réunion de Madagascar, et l'on pourrait ajouter de l'Ile Maurice, aujourd'hui colonie anglaise. Autrefois, ces trois îles s'appelaient l'*Ile Bourbon*, l'*Ile Dauphine* et l'*Ile de France;* aux voiliers qui avaient doublé le cap de Bonne-Espérance, après avoir quitté la métropole depuis des mois, elles offraient toutes trois des bases de ravitaillement. Leur nom seul était une sorte de réconfort moral : l'escale tant désirée par le marchand ou le soldat qui avait pris la route des Indes lui apparaissait dans son attente avec l'émouvant aspect de la mère patrie.

Parmi tous les écrivains de talent que la Réunion a donnés aux lettres françaises, l'un des plus justement célèbres, M. Joseph Bedier, a pu parler avec la même tendresse, dans son discours de réception à l'Académie, de cette terre « noble entre les nobles terres de la Doulce France ». A Madagascar, à Bourbon, aux Indes, ce sont les mêmes noms que nous allons retrouver, et ainsi se précisera sans doute dans la pensée de nos lecteurs, aussi nette qu'elle est en nous, cette vision « d'une France de l'océan Indien » que plusieurs grands serviteurs de notre pays voulurent fonder pour sa gloire et pour sa richesse.

****

Des débuts bien modestes : en 1638, un des premiers pionniers de Madagascar, Alonse Goubert, débarque du *Saint-Alexis* et grave sur un tronc d'arbre les armes de France. L'île est vide d'habitants et ce n'était pas avec les quatre-vingt-dix-sept hommes d'équipage de sa « flûte » que Goubert pouvait fonder une colonie. Un peu plus tard, Pronis y déporte quelques rebelles de Fort-Dauphin. En 1662, Louis Payen, de Vitry-le-François, y aborde avec sept noirs et trois négresses venus de Madagascar (ancêtres des noirs marrons de la montagne). Enfin, en 1671, le cavalier dont Louis XIV avait voulu faire un colonial, Jacob de La Haye, après avoir contracté les fièvres à Madagascar, vint rétablir sa santé à la Réunion. Le 5 mai il s'y faisait proclamer « vice-roi, amiral et lieutenant général en tous les pays des Indes ». Un padron encore conservé à Saint-Denis perpétue le souvenir de cet événement, à défaut du tronc d'arbre où Alonse Goubert avait gravé les armes de France.

De La Haye, aussi reconnaissant envers le climat qui l'avait rétabli que chargé de rancune contre la Grande Ile où sa santé avait été mise en

péril et où sa politique brutale lui avait aliéné à
la fois indigènes et colons, proposa aux habitants
de Fort-Dauphin de les transporter à Bourbon.
Ce lieu, disait-il, serait « une pépinière où *les
hommes se conserveraient* pour de là fournir les
lieux qui en auraient besoin ». On sait comment les
vieux compagnons de Montdevergue repoussèrent cette offre et comment de La Haye les abandonna pour se rendre à Bourbon. Avant de mettre
à la voile pour les Indes, où nous le retrouverons,
il installa dans cette île le premier gouverneur
que la France y ait nommé.

La Compagnie des Indes commença quelques
établissements sur cette terre, mais elle préférait
l'Ile de France où les mouillages étaient meilleurs.
Lorsqu'en juin 1735, Mahé de la Bourdonnais
arriva dans le gouvernement que le roi lui avait
confié l'année précédente, il jugea sévèrement
l'œuvre accomplie par ses prédécesseurs : peu ou
point de travaux publics ; les ingénieurs avaient
construit des maisons pour eux-mêmes, mais
n'avaient élevé ni fortifications ni magasins, ni
hôpitaux, n'avaient doté les ports d'aucun outillage ni d'aucune commodité, n'avaient tracé aucune route. Non sans résistances sournoises ou
avérées, ce gouverneur, jeune, actif (il avait à peine
trente-six ans à cette date), qui savait établir avec
la même habileté les plans d'un navire, d'un
wharf ou d'un édifice public, et en contrôler l'exécution dans les moindres détails, déclara la guerre
à l'inertie et à la paresse. Tout au grand dessein
qu'il nourrissait, la ruine de l'influence anglaise

aux Indes (« si la guerre se déclare, disait-il en 1740, je ferai le plus grand coup qu'on ait jamais fait sur mer »), il n'épargna aucun effort pour transformer ses deux îles en une base de départ admirablement organisée. N'admettant pas que leur ravitaillement fût à la charge de la Compagnie, comme il l'avait constaté à son arrivée, il y introduisit les cultures vivrières et spécialement le manioc, qu'il fit venir du Brésil : « Par le travail de dix noirs, dit-il de cette racine, on en peut recueillir de quoi fournir abondamment la nourriture de cent hommes au moins. » Pour assurer la richesse des planteurs (et celle de la Compagnie), il leur conseilla, il fut même quelquefois forcé de leur imposer, la culture de la canne à sucre, du coton, de l'indigo. Bref, ce fut un merveilleux animateur et un merveilleux improvisateur ; il eut au plus haut degré cette qualité éminemment française, éminemment « coloniale » : faire beaucoup avec peu de moyens.

Après ses succès aux Indes et sa disgrâce, son œuvre fut reprise et continuée, vers 1770, par l'intendant Pierre Poivre, qui introduisit aux îles les épices (cannelle, muscade, vanille), dont les Hollandais gardaient jalousement les plants, et surtout le caféier qui fit au dix-huitième siècle la première fortune de Bourbon. Sous l'administration de ces deux gouverneurs, la population se multiplia ; en 1786, on comptait au total 45 000 habitants, dont environ 8 000 blancs.

Grâce à eux surtout, les îles furent mises à même de jouer sur la grande route des Indes le rôle stratégique réservé à Madagascar dans les vastes plans de Louis XIV. Depuis 1674 il n'y avait plus de Français sur cette terre. Si Mahé de la Bourdonnais lui-même put s'emparer de Madras, ce succès fut dû aux efforts qu'il avait déployés comme gouverneur des îles avant de montrer tant de bravoure comme chef d'escadre. Sa funeste rivalité avec Dupleix ne permit pas à la France de retirer le juste fruit de tant de services, mais quand notre pays tenta de nouveau la fortune avec Suffren, ce fut encore aux îles que se reformèrent les équipages et les régiments du glorieux bailli, après avoir échappé non sans perte aux croisières de Rodney. Si cette fois encore, le grand dessein de La Meilleraye, de Fouquet, de Louis XIV ne put être accompli, du moins la France sut-elle donner à la gloire de sa marine et de ses armées, au prestige de son nom dans les Indes, un incomparable éclat.

Pendant la Révolution, les deux îles ne connurent pas les troubles qui ravagèrent les Antilles et nous firent perdre Saint-Domingue. L'ordre et le calme ne furent pas troublés, on vit même un gouverneur nommé par Louis XVI, M. de Malartic, rester en fonctions jusqu'au Consulat. Les patriotes des deux îles firent, le 13 mars 1792, leur *Réunion* dans celle qui porte aujourd'hui ce nom. Les colons, se méfiant de quelques éléments de leurs garnisons, les renvoyèrent à Batavia ou en France. Le fameux décret de 1794 sur l'affranchissement des noirs fut indéfiniment reculé dans son application, et lorsque deux commissaires de la Convention arrivèrent pour « révolutionner » les îles, ils furent discrètement dirigés sur les Philippines, pays d'où l'on revenait alors difficilement. Quant aux Anglais, qui s'emparèrent sans difficulté pendant cette période, sur presque tous les océans, des possessions que la France, livrée à l'anarchie, ne pouvait soutenir, ils n'osèrent pas s'approcher de l'Ile de France, réputée imprenable depuis les travaux de La Bourdonnais. Bien plus, ce furent nos nationaux qui armèrent des bâtiments de course, basés sur ce repaire redouté, et firent de fructueuses croisières jusque dans la mer du Bengale.

Lorsque l'Empire rétablit l'ordre en France, le général Decaen, envoyé aux îles comme gouverneur militaire, n'éprouva aucune difficulté à faire reconnaître son autorité. Napoléon lui avait confié son plan de frapper l'Angleterre aux Indes. Quelques faiseurs de manuels se moquent de ce plan comme s'il n'avait pas été celui de tous les souverains et hommes d'État français qui ont su regarder hors de nos frontières, comme s'il n'avait pas reçu *de nos jours*, *sous nos yeux*, deux commencements d'exécution, l'un en 1917-1918, lorsque le « Seigneur de la guerre », Guillaume II, envoya sur les frontières nord de la Perse une armée turco-allemande, l'autre en ce moment même où la Russie bolcheviste, essayant un mouvement tournant de rayon bien plus long encore, prend l'Europe à revers en soulevant contre elle la Chine.

Decaen, digne successeur de La Bourdonnais, organisa d'une façon parfaite son commandement. Si de nombreux et hardis marins purent poursuivre, grâce à lui, dans l'océan Indien, des campagnes fructueuses et brillantes (Linois, Ducrest de Villeneuve, Hamelin, Duperré, Bouvet pour la marine impériale, Surcouf et Pottier parmi les corsaires), il n'en est pas moins vrai que la France n'eut pas en temps opportun la marine de sa politique. Le plan séculaire repris par Napoléon ne devait pas une fois encore être réalisé.

Devant notre impuissance maritime, une conclusion était fatale : nos deux sentinelles avancées de l'océan Indien devaient succomber : le 9 juillet 1810, les Anglais débarquaient 3 600 hommes à la Réunion, appelée alors Bonaparte. Le colonel de Sainte-Suzanne n'avait que 120 hommes à leur opposer. Le sort des armes ne pouvait être douteux. L'Ile de France fut un objectif plus dur à enlever : le 13 août, le commodore Pym s'empare de l'île de la Passe à l'entrée du grand Port, mais le 20 arrive la division Duperré ; un sévère combat s'engage, où ce bon marin est blessé, où Bouvet se couvre de gloire. La lutte est achevée brillamment par Hamelin le 28 août : sur les quatre frégates anglaises, deux ont été brûlées, deux prises.

Pour se défendre, le général Decaen, suivant la bonne méthode, attaqua. Mais, le 17 septembre, la *Vénus* portant le pavillon d'Hamelin est capturée par l'ennemi et, le 29 novembre, 76 transports anglais jettent sur l'Ile de France 23 000 hommes contre 4 300 Français en armes. Le 2 décembre il fallut capituler, et cette colonie française allait perdre jusqu'à son nom.

Le traité de Paris nous rendit la Réunion qui

fut réoccupée par nous le 6 avril 1815 et résista victorieusement à une nouvelle attaque britannique.

Depuis lors, la Réunion n'a plus cessé de faire partie intégrante du domaine national. Elle a donné à la France une pléiade d'écrivains ; les uns sont illustres, comme Leconte de Lisle, un peu guindé quelquefois, un peu style 1848, mais dont les meilleurs poèmes ont été inspirés par les années si douces qu'il passa dans sa petite patrie ; d'autres sont encore lus par les lettrés ou les curieux, comme Parny, Bertin, ou tout près de nous, Léon Dierx. Parmi nos contemporains, c'est un fils de la Réunion, M. Joseph Bedier, qui a fait sur la littérature française du moyen âge les études les plus fines, les plus savantes et les plus affranchies de tout pédantisme ; ce sont MM. Marius et Ary Leblond dont l'œuvre littéraire si sincère et si attachante ne doit pas laisser oublier le dévouement affectueux et actif qu'ils consacrèrent à Galliéni. Des savants comme M. le professeur Guyon, des artistes comme Mme Pierson, d'admirables soldats, comme le général Lambert, le héros « des dernières cartouches », une grande Française comme Juliette Dodu, un pionnier du ciel comme Roland Garros, voilà ce que la Réunion nous a donné. Il n'est pas une des formes d'activité, de talent, de courage où excelle la France, qui n'ait été illustrée, enrichie par un enfant de cette terre féconde. Par nul autre exemple nous ne pouvions mieux montrer ces liens de sang et de chair qui unissent les colonies à la mère patrie.

Le voyageur qui visite la Réunion et ne craint pas le vertige doit se faire monter en chaise par des porteurs qui marchent en chantant, le long de la longue route escarpée qui conduit au village de Cilaos. Il y trouvera une petite colonie bretonne ; s'il assiste à la sortie de la messe, il verra des femmes en coiffes et des hommes en chapeaux noirs aux rubans de velours, et là, parmi ces colons qui ont conservé intacts tous les forts caractères de leur race, il aura l'émotion très douce qu'attendaient jadis de cette escale les marins et les soldats de Suffren : l'illusion de se croire en France.

***

Au point de vue économique, l'histoire de la Réunion se divise en trois séries très nettes : 1º au dix-huitième siècle, la principale production est le café ; 2º depuis 1815 jusqu'à la diffusion du sucre de betterave à la fin du dix-neuvième siècle, le sucre de canne est la grande richesse de l'île ; 3º dans les premières années du vingtième siècle, et surtout depuis la guerre, les efforts des planteurs locaux, pour réussir des cultures nouvelles (vanille, essences à parfums), obtiennent un brillant succès, grâce au progrès de ces cultures et à une production considérable de sucre.

Pour 1925, les exportations de sucre ont dépassé 45 000 tonnes valant 50 millions de francs, celles de spiritueux tirés du sucre de canne, 61 000 hectolitres valant 14 millions environ, soit 64 millions pour le sucre et ses dérivés. Ensuite viennent les huiles essentielles pour la parfumerie, dont les ventes ont atteint 27 millions environ l'année dernière. Le troisième rang est occupé par la vanille dont les exportations ont dépassé 60 tonnes l'an passé, pour une valeur voisine de 14 millions. Si l'on note encore un million et demi pour le tabac, et la même somme pour les fécules et tapiocas, on aura un tableau à peu près complet des principales productions de la colonie.

Il est à noter que parmi ces produits on ne voit plus figurer le café, qui fit au dix-huitième siècle la renommée mondiale de Bourbon. Quelques planteurs, assure-t-on, ont repris cette culture ; il semble de l'intérêt général que leurs efforts soient couronnés de succès, car nos achats de café à l'étranger sont un des postes les plus défavorables de notre balance commerciale.

C'est dans la variété des cultures que peut produire sa terre si fertile, que la Réunion nous paraît devoir chercher son avenir. Celle de la canne, si elle était trop nettement prédominante, risquerait de devenir dangereuse, car les cours du sucre sont déterminés par des circonstances d'ordre mondial, devant lesquelles pèse bien peu la production d'une petite île ; par contre, celles des essences à parfums et de la vanille ont devant elles un bel avenir, car la France contrôle ces marchés. L'industrie de la parfumerie française est la première du monde, elle développe chaque jour ses ventes à l'étranger, et peut garantir des débouchés assurés pendant de longues années à la production de la Réunion.

CHAPITRE VIII

III. *Les établissements français de l'Inde.*

D'escale en escale, de Madagascar à la Réunion, nous avons vu les Français s'avancer vers les Indes. Dans la pensée de nos pères, ces îles n'étaient que des relais sur la longue route qui les séparait des domaines du Grand Mogol. Certes, pour Louis XIV, Madagascar valait en soi la peine d'être colonisée, mais les actionnaires de la Compagnie qu'il avait créée et « lancée » avec tant de soins pensaient d'une façon différente. C'était une part du commerce des Indes qu'il fallait arracher au monopole de fait qu'exerçaient les Hollandais.

Les réclamations des actionnaires, trop fondées sur les premiers résultats obtenus par notre petite colonie de Fort-Dauphin, engagèrent le roi, dès l'automne de 1669, à adopter le point de vue de la Compagnie. D'ailleurs, à cette date, la guerre de Hollande lui paraissait inévitable. En cherchant à obtenir des succès militaires sur les côtes de la péninsule indienne, voulut-il simplement obtenir des avantages commerciaux, ou rêva-t-il d'un établissement politique, pensa-t-il créer un « empire des Indes »? Il chercha surtout, nous semble-t-il, à prendre à revers la Hollande, comme plus tard Napoléon Ier et le grand état-major allemand voudront prendre à revers l'Angleterre.

A cette époque, l'entreprise coloniale apparaissait comme une exploitation commerciale des ressources locales plutôt que sous la forme d'une occupation politique du pays. Si l'on cherchait par des ambassades chargées de riches présents à se concilier l'amitié des souverains indigènes, on ne songeait manifestement pas à les priver de leur souveraineté. Nos navigateurs n'élevaient de padrons fleurdelisés que sur les terres où ils ne trouvaient aucun Européen déjà installé, et où les indigènes peu nombreux leur apparaissaient comme des sauvages.

Au dix-huitième siècle, l'optique deviendra différente. Les Anglais donneront l'exemple. Un Dupleix, après avoir pesé ce que recouvraient de faiblesse militaire le faste des souverains indous et le nombre de leurs soldats, songera à faire des conquêtes, à fonder un empire français en face de l'empire anglais dont il aura vu s'élever les fondements. Ni Dupleix, ni Suffren ne pourront réaliser ce dessein ; après les guerres de l'Empire, la France ne gardera aux Indes que cinq comptoirs, isolés les uns des autres, colonnes rompues d'un édifice à peine commencé. La superficie de ces comptoirs est si faible en regard des immenses territoires où ils semblent perdus, que nous devrons parler moins de leurs productions propres que de leur commerce de transit. Mais ici ce n'est pas le présent qui importe, ni les statistiques douanières impressionnantes, c'est le passé grandiose dont ces comptoirs nous imposent le souvenir, c'est aussi l'attachement des indigènes qui restent fidèles à ce passé. Si petits qu'ils soient, ces comptoirs des Indes nous demeurent infiniment chers, car ils attestent encore à nos yeux et aux yeux du monde l'incomparable grandeur de la tradition coloniale française. Ce sont des titres de noblesse que la France doit conserver avec fierté.

*
* *

C'est en 1527, de Dieppe, patrie de hardis marins, que la *Marie de Bon Secours* et deux autres vaisseaux appareillèrent pour les Indes, première expédition française dans l'océan Indien dont nous ayons retrouvé les traces. Elle parvint à Diu le 25 mai 1528, mais les équipages ne revirent jamais ni le « sourcilleux » château, ni la plage de galets de leur patrie. Ils restèrent prisonniers du sultan de Diu. Autres précurseurs qui ne revinrent pas : les frères Parmentier (Jean sur la *Pensée*, Raoul sur le *Sacre*), qui firent le voyage Dieppe-Sumatra entre le 28 mars et le 31 octobre 1529.

Après les Dieppois, les Malouins :

La première *Compagnie des Indes* constituée en France fut fondée le 13 novembre 1600 (1), au capital de 80 000 écus, par quelques commerçants de Saint-Malo, Vitré et Laval. En mai 1601 par-

____

(1) La Compagnie hollandaise des Indes ne fut fondée que le 20 mars 1602.

tirent de Saint-Malo le *Croissant* et le *Corbin*, sous le commandement du général Frotet de La Bardelière et du connétable de Saint-Malo, François Grout du Clos-Neuf. Comme les navires précités, ceux-ci touchèrent à Madagascar et laissèrent dans la baie de Saint-Augustin un premier établissement : un cimetière où ils couchèrent quarante et un matelots. Le 2 juillet, le *Corbin* fit naufrage aux Maldives, mais cette infortune servit peut-être mieux qu'un succès le prestige de la France dans la grande péninsule voisine : parmi tous les souverains indous il ne fut bruit que des prodigieux canons du *Corbin*, et le roi du Bengale envoya seize galères pour les « sauveter ». Le *Croissant* continua sa route, passa successivement à Sumatra, Ceylan, aux îles Nicobar, à Achem. La Bardelière, malade, se voyant perdu, ordonna à son lieutenant de rentrer sans lui, pour que le vaisseau ne fût pas confisqué à sa mort, en vertu du droit d'aubaine. Le 21 mai 1603, une escadrille hollandaise rencontrait ce bâtiment par le travers du Cap Finisterre ; sous prétexte de le « sauver », car il était en fâcheux état, elle s'en emparait, ainsi que de la cargaison évaluée à deux millions de livres. Quatorze survivants seulement revirent leur patrie, les remparts de Saint-Malo et les tours du château de Vitré.

Après Dieppe et Saint-Malo, voici Brest : en 1604, Henri IV accueille les propositions du marchand hollandais Pieter Linghens, tendant à créer une Compagnie française des Indes, à 3 000 livres la part. Les nobles pourront souscrire sans déroger. Brest servira de base à la Compagnie. Un entrepreneur propose de construire une flotte de trente longs-courriers *doublés d'airain de la quille à la ligne de flottaison*, véritables transatlantiques. Les Français restent indifférents à ces projets mirifiques, tandis que certains armateurs hollandais ou flamands s'enthousiasment. Sully boude l'entreprise, il peut se faire qu'il ait été trop... sensible à quelques cadeaux somptueux envoyés par la Compagnie hollandaise des Indes. En vain, Charles de l'Hospital, comte de Choisy, et son frère Achille reçurent-ils du roi, en 1607, l'autorisation de fonder une colonie française au Cap ; tous ces beaux espoirs restèrent lettre morte.

Sous Louis XIII, nous notons quelques voyages à demi heureux, celui du *Saint-Louis* en 1616-1617 qui revint sans son matelot, le *Saint-Michel*, avec 28 hommes sur 200, mais avec une cargaison d'un million et demi ; celui du *Montmorency* (1616-1618), parti avec la *Marguerite*, revenu seul aussi avec un profit de 400 pour 100 ; celui du *Montmorency*, de l'*Espérance* et de l'*Hermitage*, sous les ordres d'un de nos amis de Madagascar, Augustin de Beaulieu (1620-1622) ; le *Montmorency* retourna seul à Honfleur.

****

Quels que fussent les risques, ils n'étaient pas, on le voit, sans profits, et l'on conçoit que le souvenir de certains dividendes ait pu faire rêver les marchands parisiens auxquels s'adressa

Louis XIV pour créer sa Compagnie des Indes orientales. Nous ne reviendrons pas sur la constitution de cette société. Par contre, le moment est venu de dire quelques mots du directeur général qu'elle s'était donné, François Caron, ancien employé supérieur de la Compagnie hollandaise des Indes, qui, pour elle, avait fondé jadis le comptoir d'Hirado au Japon, conquis Ceylan et Formose. Les actionnaires n'avaient d'yeux que pour lui ; glorieux d'avoir obtenu en France une direction générale qu'il n'eût probablement jamais reçue en Hollande, il sembla nous apporter d'abord un concours dévoué, mais lorsqu'il comprit que l'ambition de la France était de ruiner le commerce hollandais, lorsqu'il vit surtout les hostilités ouvertes entre sa vraie patrie et la nation qui le gageait, il n'hésita pas à nous trahir.

Le 12 mars 1669, accompagné de son collègue de Faye, il prit possession solennellement de Surate qu'Aureng-Zeb, le Grand Mogol, nous avait concédé par firman du 4 septembre 1666. En peu de temps, il établit des comptoirs à Guitapour, Balepatam, Mazulipatam, jusqu'à Bassorah ! En fin septembre 1671, arrive devant Surate l'escadre de La Haye. Pour occuper la terre d'Allicot que nous a concédée le samorin de Calicut, nous nous emparons du fort hollandais de Crancanor. Aussitôt l'amiral hollandais, Reyclof van Goens, arrive avec douze vaisseaux ; de La Haye, suivant à la lettre ses instructions, s'apprête à le combattre s'il nous refuse le salut. C'est ici que Caron commence à trahir. Il empêche la rencontre et force de La Haye à faire « fausse route » au large. Étant donné la bravoure dont fit preuve plus tard le chef d'escadre, il est hors de doute qu'il eût détruit en ce jour la flotte de Reyclof. Tout le sort de la campagne eût été changé, et probablement toute la fortune de la France aux Indes. Jamais occasion ne fut plus belle, plus lourde de fruits précieux : Caron nous empêcha de la saisir.

L'escadre se dirige alors sur Ceylan, où le roi de Kandy vient de nous octroyer (par lettres en bonne forme du 8 mai 1672, écrites sur feuilles de latanier) la possession de la baie de Trinquemalé, sur la côte orientale. Chose étrange, un petit fort hollandais y est déjà installé (est-ce sur un renseignement de Caron ?). On le supprime, et les Français se « débrouillent », l'aumônier du vaisseau amiral, le Père Maurice, se sacre lui-même ingénieur. Il construit batteries et redoutes. Mais voici de hautes mâtures à l'entrée de la baie, c'est Reyclof avec dix-sept vaisseaux ; il capture des navires chargés de vivres qui devaient nous rallier. De La Haye veut l'attaquer avec ses trois bâtiments. Caron encore une fois l'en empêche. Mais il faut se ravitailler, sortir de cette baie où nous avons perdu par maladie 350 hommes en quelques semaines. De La Haye force le blocus, *sans combat*, laissant une petite garnison. Le lendemain, Reyclof débarque 1 200 hommes, il leur faut trois jours de luttes meurtrières pour forcer à capituler les 65 Français du capitaine de Lesbory et du lieutenant de Teyssières. Les rares survivants reçurent tous les honneurs de la guerre : Ceylan était perdu.

Où trouver des vivres? Sur la côte de Coromandel? La Haye en demande les cartes à Caron, celui-ci prétend les avoir laissées à Surate. De La Haye le convainc de mensonge et l'expédie en France à bord du *Jules*.

« La justice immanente » se chargea de lui, le *Jules* sombra à l'embouchure du Tage en mai 1673 et le cadavre du traître fut retrouvé parmi les noyés.

Il faut manger. A San Thomé, ancienne place portugaise, reprise par le roi de Golconde, on nous offre du sable en guise de vivres. Le 25 juillet 1672, en quelques heures, l'insolence est châtiée, la place prise. La Haye va y soutenir avec une éclatante bravoure un siège de deux ans. Il débarque les canons du *Triomphe* et de la *Navarre*. Avec le *Breton* et le *Flamand* il fait des sorties foudroyantes : dans l'une il détruit six vaisseaux indigènes près de Mazulipatam. Intimidé, le 15 mai 1673 le roi de Golconde nous fait offrir la place par François Martin, si nous lui donnons en échange quelque argent. La Haye, qui ne connaît rien à l'Orient, refuse l'argent et propose quelques armes ; François Martin échoue. Deuxième occasion perdue.

L'issue était fatale. Bientôt La Haye n'a plus qu'un seul bâtiment, le *Breton;* le *Flamand* a succombé à l'embouchure du Gange dans un combat contre trois flûtes hollandaises. Fier sous son grand pavois, La Haye revient devant San-Thomé que bloquent les dix-sept vaisseaux de Reyclof. Faisant feu des deux bords il passe au milieu d'eux comme un éclair, et lorsqu'il arrive à l'abri des canons de la place, il ne lui reste plus ni un grain de poudre, ni un boulet (21 juin 1673). Le 20 août il sort de la place et bouscule le camp indou. Un peu d'espoir : trois bâtiments de secours arrivent de Surate. Avec eux, le 28 octobre, le vieux soldat inflige de lourdes pertes à la division de blocus. Mais, le 1ᵉʳ mai 1674, se produit une catastrophe : le *Breton* sombre par grosse mer avec ses cinquante-six canons. La garnison mange de l'herbe. Le 23 septembre il faut capituler. Les nôtres sortiront de la place « enseignes déployées, tambour battant, mèche allumée et balle en bouche ». Les Hollandais fourniront à de La Haye deux vaisseaux de guerre avec huit mois de vivres pour ramener en France les 519 braves compagnons qui lui restent encore. On ne lui demanda que sa parole de ne pas attaquer en chemin ni vaisseau ni colonie de Hollande. Il mit à la voile le 25 septembre 1674 et revint en France en mai 1675. De tout l'effort accompli par Louis XIV pour armer « l'escadre de Perse », pour lui assurer à Madagascar une base sûre, il ne restait plus un vaisseau, plus une terre, sinon le comptoir de Surate, celui de Pondichéry, que le Vendômois Bellanger de Lespinay avait acheté le 4 février 1673 au roi de Viziapour, et celui de Chandernagor dont l'achat avait été négocié pendant le siège de San-Thomé par François Martin et Bourreau-Deslandes.

De cet échec aussi bien aux Indes qu'à Madagascar, la cause principale fut le manque d'esprit politique de de La Haye. Ce fut une lourde faute de choisir comme chef de l'expédition un colonel de cavalerie qui ne pouvait avoir la plus vague idée des méthodes à employer avec les indigènes, qu'ils fussent pasteurs malgaches ou potentats indous. Les causes secondaires furent la dualité de commandement établie entre les militaires et les marchands, entre les officiers de l'escadre et les directeurs de la Compagnie, et le manque de discipline des officiers de marine. Nous parlons seulement des fautes qu'il eût été possible d'éviter, car si un peu plus de prudence eût été de mise avec Caron, il était difficile de prévoir toute l'étendue de la trahison dont il se rendrait coupable. Comme la plupart des leçons que l'histoire donne aux dirigeants des peuples, celles-ci devaient demeurer vaines, et l'insuccès de Mahé de la Bourdonnais fut déterminé par les mêmes erreurs.

La seconde Compagnie des Indes ne survécut pas longtemps à ces revers ; elle fut dissoute en 1685, mais le droit de trafiquer dans ses anciens établissements fut repris en 1707, moyennant sept millions, par un groupe d'armateurs malouins. Lorsque Law, en 1719, voulut donner à une nouvelle compagnie fondée par ses soins le bénéfice de ces avantages, le Parlement ne manqua pas de protester au nom de ces négociants. Mais on sait ce que pesait une remontrance du Parlement devant la faveur toute-puissante du génial Écossais. En mai 1719, des lettres patentes conféraient à la nouvelle Compagnie des Indes le privilège exclusif de faire le commerce depuis les côtes de Guinée jusqu'au Japon. Lorient, fondé pour servir de base aux flottes de la Compagnie précédente et dont la fortune avait périclité avec elle, rouvrait les portes de ses entrepôts et de ses ateliers. Lorsque le fameux « système » fit naufrage, seule de toutes les entreprises de Law surnagea la Compagnie des Indes. Ses actionnaires furent assurés d'un dividende fixe de 150 livres (qui fut payé jusqu'en 1744). Il fallut pour la ruiner les insuccès que la France connut aux Indes pendant le cours du dix-huitième siècle et dont il nous reste à parler. Cette troisième Compagnie des Indes, fille chérie de Law, fut supprimée par ordonnance royale de 1769.

Ce fut encore Saint-Malo qui donna à la Compagnie des Indes un des meilleurs serviteurs qu'elle eut jamais à son service. Mahé de la Bourdonnais avait trente-six ans, nous l'avons vu, lorsqu'il prit en main son gouvernement de l'Ile de France et de Bourbon. Entre 1719, où il était entré à la Compagnie, et 1734, il avait eu le temps, au cours de nombreux voyages aux Indes, de gagner une fortune ; il savait mieux que personne ce que pouvaient rapporter dans ces mers lointaines l'initiative et l'audace.

Après avoir commencé à organiser supérieurement sa base de départ, les Iles, il rentre en France en 1740 et propose au roi d'armer six vaisseaux et deux frégates pour faire la course dans l'océan Indien. Le souverain lui donne une commission de capitaine de frégate dans la marine royale, lui promet deux vaisseaux de guerre, de soixante canons (dont il assumera le commandement), et le *Griffon*, de cinquante canons. Mais sans obtenir ces vaisseaux, au dernier moment, il part ave c cinq navires de la Compagnie. A la mer, il s'aperçoit que les trois quarts des matelots n'avaient jamais navigué, et que la plupart, même les soldats, ignoraient ce qu'étaient un canon ou un fusil. Au grand scandale des officiers, il ordonne en cours de route de faire de « l'instruction ». Arrivé à l'Ile de France avec les trois plus gros vaisseaux (le 14 août 1741, les deux autres étaient « à la traîne ») il apprend que Pondichéry, menacé par les Mahrattes, avait demandé du secours. Il reprend la mer le 22 août et se montre devant Pondichéry le 30 septembre. Dumas avait détourné les Mahrattes de leur entreprise et la ville n'était plus en danger. La Bourdonnais se rend alors à Mahé, et écrase sur son chemin une escadrille de pirates (22 octobre). La paix une fois signée en février 1742, il rentre aux Iles.

Le 1er septembre 1744 lui parvient la nouvelle de la guerre entre la France et l'Angleterre. Les compagnies française et anglaise des Indes se promettent la neutralité mutuelle de leurs navires marchands. Mais La Bourdonnais sait pertinemment que si des vaisseaux de la marine royale britannique croisent au détroit de la Sonde ou au détroit de Malacca, c'en est fait de tout notre commerce dans ces parages. Or justement le commodore Barnett a pris la première direction, le capitaine Peyton la seconde. La Compagnie comprend trop tard qu'elle a été trop confiante, elle annonce des vaisseaux d'Europe, mais l'Europe est loin et le temps presse. Déjà Pondichéry appelle au secours. Fiévreusement La Bourdonnais arme à l'Ile Bourbon trois vaisseaux portant cent vingt canons, un petit bâtiment de vingt-six pièces, et un voilier léger capable de servir d'éclaireur. Les convois coupés par les croisières anglaises n'arrivent plus, le *Saint-Géran* (1) fait naufrage devant le port, il faut rationner la population et aller pour la flotte chercher des vivres à Madagascar.

Le 4 avril, les bâtiments sont à Foulpointe lorsqu'un typhon terrible vient les disperser, démâter les uns, couler les autres. Devant ce coup du sort, La Bourdonnais montre avec un stoïcisme inébranlable toute la fécondité de son talent, il se fait bûcheron pour abattre des arbres, et remâter ses navires, forgeron pour frapper les pièces diverses qui assembleront les membrures ; le 1er juin 1746, il peut enfin quitter la baie d'Antongil avec neuf vaisseaux, 310 canons, 3 349 hommes. Le 1er juin 1746 ! il y avait près de deux ans que la guerre était déclarée. Si Mahé eût possédé dès le début des hostilités la flotte qu'il avait demandée, c'en était fait peut-être de la puissance anglaise aux Indes. Troisième occasion perdue.

Il marche cependant à l'ennemi qui s'est renforcé. « Il était essentiel, écrit-il, de commencer

(1) Celui de *Paul et Virginie*. Bernardin de Saint-Pierre garda de son séjour aux Iles une rancune tenace contre l'idée coloniale.

par la destruction de l'escadre anglaise pour assurer le succès des entreprises que je méditais. »
Parole de soldat, doctrine très supérieure à celle de tous les marins de ce temps, qui cherchaient volontiers des buts secondaires mais productifs et faciles, comme la course aux bâtiments de commerce, au lieu de l'essentiel, la destruction des forces organisées de l'adversaire. Par cette volonté, La Bourdonnais s'apparente à tous ceux qui sur la mer ont bien servi leur patrie ; il est la préfigure de Suffren.

Le 6 juillet, il rencontre l'escadre de Peyton, forte maintenant de cinq vaisseaux portant deux cent soixante-six canons, d'un calibre en général supérieur à celui des pièces françaises. La lutte est sévère, mais elle ne peut être décisive, car l'ennemi se dérobe pendant la nuit. Le 9 juillet au soir nos vaisseaux sont à Pondichéry.

Pendant deux mois il cherche, au cours de diverses croisières, une affaire décisive avec la division anglaise. Il ne peut l'obtenir et doit se résoudre à essayer de réaliser, sans avoir obtenu cette sûreté, le grand projet qu'il caresse depuis 1741 : la prise de Madras, principal comptoir de la Compagnie anglaise des Indes. Le 13 et le 15 septembre 1746, il débarque ses troupes (1 900 hommes) à proximité de la ville. Le 18, le 19 et le 20, il bombarde énergiquement la place. Le 20, celle-ci tente sans succès de négocier. L'assaut est prévu pour la nuit du 21 au 22. Le 21 au matin, les parlementaires acceptent toutes les clauses de la capitulation que leur impose le vainqueur. A deux heures de l'après-midi, le gouverneur Morse remet son épée à Mahé de La Bourdonnais, et celui-ci entre dans la ville à la tête de 1 500 hommes.

Alors éclata dans toutes ses funestes conséquences la mésintelligence qui grandissait depuis deux mois entre Dupleix et La Bourdonnais. Ce dernier avait reçu comme instructions formelles du roi et de la Compagnie de ne prendre définitivement aucune place, les actionnaires voulant seulement « quelques établissements en petit nombre, et quelques augmentations de dividendes ». A ce titre, s'il s'emparait d'une ville remplie de richesses comme Madras, il croyait de son devoir de suivre les usages du temps et de la rendre contre rançon ; d'ailleurs plus « marin » que Dupleix, il craignait de voir revenir l'escadre anglaise et il savait combien sa conquête était précaire. Dupleix suivait une politique différente, il jugeait avec raison fragile la puissance des souverains indous, si impressionnante en apparence ; en prenant adroitement parti dans leurs constantes querelles, en les opposant les uns aux autres, on était certain de les affaiblir et de recueillir les fruits assurés d'interventions tardives et prudentes. Aussi jaloux l'un que l'autre de l'autorité qu'ils détenaient, Dupleix et La Bourdonnais devaient entrer fatalement en conflit un jour ou l'autre. Les clauses de la capitulation de Madras provoquèrent ce conflit.

Le 26 septembre, La Bourdonnais avait engagé sa parole aux parlementaires anglais de leur restituer la place moyennant le paiement d'une rançon de neuf millions de livres françaises (plus quatre millions et demi environ de prises). D'autre part, Dupleix avait promis la ville, aussitôt qu'elle serait prise, au nabab d'Arcate. Dupleix et le conseil de Pondichéry, tout dévoué à ses ordres, envoyèrent à Madras, aussitôt connue cette promesse de rançon, des députés chargés de s'assurer de la personne de La Bourdonnais. Après des scènes scandaleuses en présence de l'ennemi vaincu, après un terrible ouragan qui dispersa notre flotte, le 13 octobre, Mahé de La Bourdonnais rentrait à Pondichéry le 27 octobre et, deux jours après, appareillait pour les Iles où il était de retour le 10 décembre (1).

Le 7 novembre 1746, les lieutenants de Dupleix annulaient la promesse de rançon, le gouverneur

(1) On sait la suite : à son retour à l'Ile de France, Mahé de La Bourdonnais trouva un certain M. David que la Compagnie des Indes avait envoyé enquêter contre lui. Celui-ci ne put relever contre le gouverneur aucun chef d'accusation. Mahé partit pour la France avec six petits vaisseaux. Ce convoi fut dispersé à la hauteur du Cap par une terrible tempête. Faisant passer sa femme et ses enfants sur un navire hollandais qui ralliait l'Europe, Mahé se rendit d'abord à la Martinique, de là (et non sans péril) à Saint-Eustache où il prit lui aussi un hollandais pour rentrer en France. En approchant des côtes européennes, le capitaine du vaisseau apprit que les hostilités étaient déclarées entre la Hollande et la France. Son passager devenait son prisonnier. Il le débarqua à Falmouth d'où notre compatriote gagna Londres. Il y fut courtoisement reçu et fut échangé le 22 février 1748. Le 25, La Bourdonnais arrivait à Paris. Dans la nuit du 1er au 2 mars il était interné à la Bastille, tenu au secret vingt-six mois. Enfin libéré et absous de tous les crimes qu'on lui imputait, il mourait le 9 septembre 1753 de maladie et de chagrin.

anglais était conduit à Pondichéry où le triomphe de nos armes était célébré avec une pompe tout orientale, après avoir écarté le chef qui l'avait remporté.

Ce succès, comme l'avait prévu La Bourdonnais, devait avoir de pénibles lendemains : Dupleix, attaqué par les Anglais et le nabab d'Arcate, fut une première fois sauvé par le combat heureux que leur livra à San-Thomé son lieutenant Paradis, le 4 octobre 1747. L'année suivante, assiégé pendant cinq semaines à Pondichéry il dut son salut aux secours amenés par Kersaint et à un revirement des indigènes.

Ensuite ce fut pendant quelques années une série de succès éclatants où s'illustrèrent Bussy, Kerjean et bien d'autres officiers (conquête du Dekkan et d'une partie du Carnatic). Mais, à son tour, Dupleix devait connaître l'inconstance de la fortune. Relevé de son commandement en août 1754 par Godeheu, celui-ci signait le 26 décembre 1754 le honteux traité de Sadras, où la France renonçait à la plupart de ses conquêtes. Cet acte, qui ne fut, en fait, jamais complètement appliqué, porta au point de vue moral un préjudice incalculable au prestige de la France dans toutes les Indes.

***

Nous passerons brièvement sur les événements dont la péninsule fut le théâtre pendant la guerre de Sept ans. Nous avions cependant fait un effort, armé une escadre confiée à d'Aché, et organisé un corps de 4 000 hommes de troupes blanches commandé par Lally-Tollendal. Une fois encore on vit un amiral perdre son temps dans de trop nombreuses relâches, mettre un an à parvenir au but qui lui était assigné, hésiter à livrer à l'ennemi un engagement décisif, dans la crainte de risquer ses vaisseaux. Une fois encore on vit un général, brave certes, mais complètement dénué de sens politique, faire autour de lui un cercle de haines : rancunes inexpiables des indigènes pour ses brutalités et ses pillages, indiscipline de ses propres soldats, causée par sa dureté dans le commandement ; hostilité des agents civils de la Compagnie, déterminée par ses exigences tracassières et hautaines. On ne peut toutefois oublier le siège d'un an (1760) qu'il soutint dans Pondichéry contre les 15 000 hommes de Cote, contre les seize vaisseaux de Cornish, contre les assauts, le bombardement, la famine, l'émeute menaçante. Et toutes ses fautes, il les expia durement.

L'Inde était perdue pour nous, les actions de la Compagnie tombèrent à 725 livres, le traité de Paris, du 10 février 1763, nous laissait seulement nos cinq comptoirs et une quinzaine de loges, il nous interdisait d'y élever aucune fortification, d'y entretenir aucune force militaire autre que les troupes nécessaires à la police. Nous nous engagions à ne plus tenter aucune immixtion dans les affaires indigènes.

« La guerre de Sept ans, a écrit Green, avait décidé de l'avenir de l'Angleterre et du monde. »

***

L'expédition de Suffren en 1781-1783 fut le dernier effort de la France pour lutter contre la puissance anglaise aux Indes. Suffren fut un marin complet ; aucune partie de ce métier, qui exige à la fois tant d'art et tant de science, où il n'ait brillé par son savoir et par des dons hors de pair. Pour réussir pleinement, un seul de ces dons lui fut refusé : celui de se faire aimer par ses officiers, celui de leur infuser cette foi dans le succès qui fait vibrer d'une même âme le chef et ses lieutenants. On ne saurait le lui reprocher à lui seul ; à ce moment. il n'y avait pas dans notre Marine un corps d'officiers assez instruits, au double point de vue technique et militaire, pour fournir à un tel amiral des états-majors dignes de lui. Les équipages, par contre, adoraient ce chef rude, familier, soucieux de leur bien-être, parlant leur langage brutal et, surtout, fin manœuvrier et follement brave (1).

Marin achevé, Suffren fut en même temps un grand militaire : il sut qu'une seule chose compte à la guerre comme à l'épée : frapper l'adversaire au cœur. « De toutes les combinaisons possibles, a-t-il écrit, il n'y a que celle où je battrai l'escadre anglaise qui puisse nous donner une existence dans l'Inde. »

(1) La plus belle page qui ait été écrite sur Suffren, c'est sans doute la chanson de Maître Ambroise dans *Mireille;* elle prouve que le souvenir du grand bailli est déjà, en Provence, entré dans l'épopée.

De toute sa volonté tendue, il rechercha l'engagement décisif, et c'est ici que l'on comprend les marins, habitués à lutter contre des éléments dont ils ne sont pas maîtres, lorsqu'ils placent au-dessus de la volonté humaine une force supérieure, appelée la Providence par les croyants, appelée par les autres la Chance ou le Destin ; six fois dans cette campagne Suffren rencontra l'Anglais (à la Praya, le 16 avril 1781 ; les 16 et 17 février 1782 devant Madras et Sadras ; le 12 avril à Provedien ; le 6 juillet près de Negapatam ; le 2 septembre devant Trinquemalé ; en 1783, non loin de Gondelour), six fois il l'attaqua à fond (un contre trente-cinq à la Praya), mais jamais, par l'incapacité, la maladresse, la mauvaise volonté peut-être de ses subordonnés, il ne put obtenir la destruction complète de l'ennemi.

Et il avait dit vrai : sans bataille navale décisive nous ne pouvions obtenir aux Indes aucun succès assuré. Le corps de débarquement mis à terre à Gondelour sous les ordres de Duchemin et dont faisaient partie quelques beaux régiments de France, comme le régiment d'Austrasie (1), fut impuissant à rétablir sur terre la fortune de la France. Il convient de reconnaître qu'en plaçant à la tête de cette expédition le vieux lieutenant de Dupleix, Bussy, on ne lui avait pas donné le chef audacieux et jeune qui eût pu la conduire à

-----

(1) Lire le pittoresque récit de cette campagne dans les *Mémoires* du chevalier de Mautort, publiés par son petit-neveu, le baron Tillette de Clermont-Tonnerre, Paris, Plon, 1895, in-8°.

la victoire. Le 3 septembre 1783 la paix était signée à Versailles, où Suffren devait recevoir peu après un accueil triomphal.

*
* *

Nous nous bornerons à mentionner une quatrième Compagnie des Indes, entreprise de pure spéculation, dont la vie éphémère ne dura pas plus de quatre ans (1785-3 avril 1790). Pendant la Révolution, tous nos comptoirs furent pris par les Anglais. Ils nous furent restitués à la paix d'Amiens.

Le général Decaen, confident de la pensée de Napoléon, fit en 1803 une croisière sur la côte de Coromandel. En 1804, l'Empereur songea à envoyer aux Indes, 30 vaisseaux, 20 frégates et 20 flûtes. Les armements devaient être poussés activement à la fois à Brest, à Rochefort et au Ferrol. Le corps expéditionnaire serait composé de 20 000 Français et 3 000 Espagnols. Ces effectifs suffiraient largement à bousculer les 8 000 soldats britanniques et les 11 000 mercenaires allemands que l'Angleterre entretenait aux Indes. Decrès, ministre de la Marine, s'opposa à l'exécution de ce plan. Decaen lui-même, confiant dans le secours que pourrait nous apporter la confédération Mahratte, estimait que trois à quatre mille Français eussent suffi.

Les affaires d'Europe forcèrent Napoléon à ajourner ce grand dessein. Il le reprit en 1807, après avoir négocié avec le shah de Perse par l'intermédiaire du général Gardanne, envoyé à cette fin à Téhéran (traité de Finckenstein, du 10 mai 1807). Il ordonna de préparer vingt-neuf vaisseaux. Cette fois ce fut la guerre d'Espagne qui vint le paralyser.

D'ailleurs l'Empereur n'avait plus à ce moment la marine de ses ambitions : de 1802 à 1806 la marine française avait perdu 13 vaisseaux, 14 frégates, 28 bâtiments inférieurs, 36 000 prisonniers. Sur 1 500 navires de commerce armés au long cours en 1801, il n'en restait plus en 1810 que 343. Pendant ce temps, en Angleterre, le taux des assurances pour les Indes, qui avait été de 25 pour 100 de 1793 à 1800, était tombé à 12 pour 100 à partir de 1802, avait été réduit à 6 pour 100 à partir de 1810. Ces chiffres, autant que les victoires de Wellesley, nous prouvent à quel point l'Angleterre était sûre de sa conquête.

Le 30 mai 1814 le traité de Paris nous restituait nos cinq comptoirs : l'Angleterre n'attachait aucune valeur à ces fantômes d'un glorieux passé (1).

*
* *

La vie économique de l'Inde française est représentée par quelques cultures et quelques industries. La production d'un territoire d'une superficie totale de 50 000 hectares ne peut être très abon-

(1) Nos établissements ne furent entièrement réoccupés qu'en 1817.

dante. Les récoltes varient d'une année à l'autre suivant la régularité de la mousson pluvieuse, ou suivant l'abondance des eaux que distribuent les chefs des grands systèmes d'irrigation britanniques. La principale culture est l'arachide ; aux exportations (commerce général de l'ensemble de la colonie) cette graine figure pour près de 29 millions en 1925, représentant 69 000 tonnes. On conçoit que des arrivages de cette importance puissent exercer une influence sur les cours de l'arachide à Marseille et que les planteurs de l'Afrique Occidentale française soient obligés d'en tenir compte. Ensuite viennent le riz pour un peu plus de 2 000 tonnes et de 3 millions de francs, les oignons pour 1 269 tonnes et 530 000 francs, le tabac, le coton, l'indigo, pour quelques tonnes et quelques dizaines de milliers de francs chacun.

L'industrie la plus importante est celle de la filature ; à Pondichéry, elle représente environ 75 000 broches et 8 000 ouvriers. Aux exportations de 1925, les tissus de coton sont évalués à 16 millions de francs environ. Cette industrie textile a fait naître quelques teintureries dont certaines transforment en « guinées » pour les indigènes de la côte occidentale d'Afrique des toiles de coton importées de la métropole. La culture de l'arachide a suscité la création de quelques huileries. Il convient de noter enfin la survivance de plusieurs anciennes petites industries familiales, comme celles des « madras », ou mouchoirs de couleur, des dentelles, des meubles incrustés de nacre.

*
* *

Si le présent de l'Inde française ne peut nous apparaître très riche de ressources, son histoire est au point de vue colonial si fertile en enseignements que nous avons cru devoir la résumer ci-dessus.

Au cours de ses rivalités avec d'autres puissances : Hollande et Angleterre, la France n'a jamais su organiser *l'unité de commandement* dans les expéditions qu'elle envoyait si loin de la mère patrie. C'est Caron contre de La Haye, c'est Mahé de la Bourdonnais contre Dupleix, c'est Bussy sans liaison avec Suffren. Dans un rapport conservé aujourd'hui aux archives anciennes de Batavia, le chef de la factorerie hollandaise de Bantam écrivait le 15 février 1617 : *les Français s'entendent si mal que leur ruine est à prévoir*, jugement sévère et clairvoyant qui pourrait servir d'épigraphe à toute l'histoire de nos établissements français de l'Inde.

Ensuite la cause principale de nos échecs fut le manque de discipline et d'entraînement militaire de nos officiers de marine. Tous les chefs qui ont gravé leurs noms glorieusement dans ces annales : de La Haye, La Bourdonnais, Suffren, ont souffert cruellement de cette insuffisance. Une marine ne s'improvise pas, surtout l'esprit d'une marine. C'est la force de la marine anglaise d'avoir sans défaillance maintenu toujours ses traditions. La France trouvera toujours dans sa population côtière d'admirables équipages, elle doit préparer avec soin un corps d'officiers de marine instruits, disciplinés, militaires de cœur. Il a fallu attendre la fin de la grande tourmente mondiale pour que fût créée une véritable *École de guerre* de la marine Ce foyer intellectuel manquait, nous espérons de tout cœur qu'il est appelé à rendre les mêmes services que l'École de guerre de l'armée où Foch, Pétain formèrent les états-majors non seulement de la France, mais de toutes les nations alliées.

Enfin nos revers furent, en partie, une série d'occasions manquées. En dehors des événements que les hommes peuvent prévoir, sur quoi leur volonté peut agir, il en est qui se présentent avec une soudaineté capable de surprendre les peuples mal dirigés. Des chances se présentent ; elles se tourneront contre vous si vous ne savez pas les utiliser. Une puissance coloniale doit donc, si elle veut conserver ses colonies, penser à diverses grandes éventualités possibles dans le proche avenir du monde, et concentrer à tout hasard, en quelques points judicieusement choisis, des moyens d'action prêts à entrer en jeu.

Je devine l'objection : tout cela coûte cher. Je répondrai : l'enjeu vaut plus cher encore. N'hésitez pas à payer une prime pour être valablement assurés. Et cela est moins une question d'argent qu'une question d'ordre et de suite dans l'esprit… et dans la maison.

CHAPITRE IX

IV. *Djibouti et la Côte des Somalis.*

Soit que l'on examine la route moderne entre l'Europe et l'Orient, soit que l'on cherche une voie d'accès à l'Abyssinie, on est forcé de reconnaître à notre établissement de la Côte des Somalis une haute valeur politique et économique. Sur la route de l'Indochine, de Madagascar, de la Nouvelle-Calédonie, de Tahiti, il faut à nos navires, à la sortie de la mer Rouge, une base de ravitaillement. D'autre part, en Éthiopie se réveille un conflit d'influences européennes qui a quelques chances de recueillir avant peu, comme vedette de l'actualité, la succession du Maroc et de la Syrie. L'opinion française ne doit donc pas se désintéresser de cette petite colonie ; son histoire, pour n'être pas très ancienne, est fort instructive et mérite de retenir un moment l'attention. Si nous la rappelons brièvement, nous aurons l'occasion de signaler que, malgré sa situation un peu éloignée à première vue de nos autres colonies africaines, le territoire de Djibouti a failli jouer, il n'y a pas si longtemps, un rôle de première importance dans la grande œuvre africaine française.

***

Dès avant le percement de l'isthme de Suez, un agent consulaire français de Massaouah, Rochet d'Héricourt, voulut ouvrir à la France une porte sur cet empire d'Abyssinie, alors bien mal connu, mais dont il devinait les richesses : en 1843, ce vice-consul Rochet d'Héricourt signait, avec le roi du Choa, un traité d'amitié réservant divers avantages à nos nationaux. Nous ne profitâmes guère de ces facilités, mais les vues de Rochet d'Héricourt furent reprises de 1855 à 1857 par notre agent consulaire à Aden, Henry Lambert, qui négocia l'achat d'Obock auprès du sultan de Tadjourah. Les Anglais qui surveillaient jalousement la route des Indes, inquiets d'une croisière faite dans ces parages par l'amiral Méquet, achetèrent aussitôt en 1868 Perim, puis Zeilah et les îles Sokotra. Le cabinet britannique comprit dès lors l'importance que pouvait avoir pour sa politique générale la possession de ces pauvres rivages. Avec une suite parfaite dans ses desseins, nous allons le voir manœuvrer pour écarter toute influence étrangère puissante en Abyssinie, bastion qui menaçait à l'Est cette vallée du Nil, qui fut un des objectifs principaux de sa politique pendant toute la fin du dix-neuvième siècle.

Afin de ne pas avoir à discuter avec la France seule, il fait entrer dans le jeu un troisième partenaire : l'Italie. Le gouvernement anglais permet en 1885 à celui de Rome d'occuper Massaouah. A cette date, l'Italie souhaite ardemment de s'étendre hors de ses frontières, elle ne va pas tarder à vouloir sortir d'une ville côtière où elle étouffe, elle va tâcher de monter sur les hauts plateaux qui dominent la mer. Elle rendra ainsi un double sérvice à la Grande-Bretagne, toute à son plan d'expansion dans la Haute-Égypte : elle aidera l'Angleterre à diminuer les envois d'armes adressées de l'Asie musulmane aux Madhistes à travers la mer Rouge, elle détournera l'attention de l'Abyssinie, tandis que l'Angleterre poursuivra sur le Nil l'exécution de ses plans.

Dès 1887 les prévisions britanniques se réalisaient : les Italiens subissaient une première défaite à Dogali. En 1889 ils n'étaient sauvés d'un désastre que par une attaque opportune des Derviches contre lés Abyssins (combat où fut tué l'empereur Jean, et qui ouvrit à Ménélik le chemin du trône). En mars-avril 1891, l'Angleterre reconnaît aux Italiens une zone d'influence comprenant le Tigré, le Choa et le Harrar, mais les maintient à 200 kilomètres du Nil, et leur refuse nettement le droit de s'intéresser à ce qui pourra advenir dans cette vallée. Ces conventions sont publiées en 1894, l'enthousiasme de la presse italienne déborde, on parle même d'une alliance militaire effective entre les deux royaumes, mais le Foreign Office dément et... attend. Pas longtemps ; en décembre 1895, c'est la guerre italo-abyssine : les Italiens demandent sans succès le droit de débarquer des troupes à Zeilah pour tenter une diversion sur le Harrar. Le 1ᵉʳ mars 1896 c'est le désastre

d'Adoua. Voilà un des plus beaux exemples du
« splendide isolement ».

Que faisait la France pendant ce temps? En
février 1888 nous avions obtenu de l'Angleterre la
reconnaissance de notre possession de Djibouti
(où le siège de la colonie devait être transféré
en 1895), mais là se bornait à peu près notre action.
Nous ne faisions rien pour organiser la vie économique de cette colonie nouvelle, et nous laissions
passer l'occasion de répondre activement aux
avances amicales que nous prodiguait Ménélik.
En 1894 nous obtenions la concession d'un chemin
de fer destiné à relier Djibouti au Nil Blanc, mais
les travaux commençaient seulement en octobre 1897. Bref, par manque de politique suivie,
de volonté ferme et précise, *nous perdions du
temps, nous dormions.*

La défaite italienne provoqua chez toutes les
nations intéressées au sort de la vallée du Nil, en
France surtout, un réveil d'attention et d'activité. En 1896 les milieux dirigeants français
n'avaient pas perdu tout espoir de rouvrir la question d'Égypte ; le langage officiel entourait de
réticences les déclarations relatives à ce pays, et
l'opinion, égarée par ces réticences, n'avait pas
encore nettement compris que l'Angleterre considérait la mission qu'elle s'était donnée en Égypte
comme une question capitale pour son avenir,
comme une pièce maîtresse de l'édifice impérial
qu'elle élevait avec méthode et avec orgueil. Certains de nos hommes d'État pensèrent qu'en nous
fondant sur « le droit africain » alors en vigueur,

en poussant une mission militaire aussi loin qu'elle pourrait aller sans se heurter à un autre pavillon européen déjà fiché dans le sol, il nous serait légitime de « créer une situation de fait qui nous permettrait de négocier ». Les plus clairvoyants pensaient qu'une telle initiative, même si elle était susceptible de soulever des oppositions irréductibles, devait à tout le moins « nous ouvrir un droit à des compensations ». Certains crurent sans doute trouver sur le Nil le moyen de régler au mieux des intérêts de la France la question du Niger.

De cet ensemble d'illusions et d'espérances résulta l'envoi de la mission Marchand. Aurait-elle pu réussir ? La cause principale de son échec fut l'erreur de jugement que nous venons de signaler : il fallait mal connaître l'Angleterre pour espérer qu'elle accepterait de transformer en une controverse juridique une question vitale pour ses intérêts et pour son prestige. Mais peut-être aurions-nous pú obtenir le « droit à compensations » si, au lieu de trouver à Fachoda une poignée de héros coupés de tout ravitaillement, de toutes communications, Kitchener eût rencontré un poste solidement établi, relié étroitement à un grand pays guerrier et inquiétant, l'Abyssinie, dont le concours nous eût été acquis. Or ceci avait été prévu. Une mission confiée d'abord à Mizon, ensuite à Clochette, puis à Bonvalot, enfin à de Bonchamps, avait été chargée en octobre 1897 d'établir à proximité du confluent du Sobat et du Nil, à quelque distance en amont de Fachoda, une forteresse éthiopienne sur la rive droite du grand fleuve, une forteresse française sur la rive gauche, de relier l'une à l'autre par des embarcations portant le pavillon français et d'établir la liaison avec la mission Marchand. Ce programme ne fut pas réalisé complètement, malgré tout le dévouement dont firent preuve M. de Bonchamps et ses compagnons. Il ne nous appartient pas ici de rechercher quelles furent les raisons de leur insuccès, mais nous tenions à signaler comment, s'il y avait eu dans notre politique un peu plus d'unité (1), de coordination des efforts, un peu plus de célérité dans l'action, cette petite colonie de Djibouti si éloignée, semble-t-il au premier abord, du reste de la France africaine, aurait pu servir utilement la grande œuvre d'unité que nous avions poursuivie, au milieu de tant de difficultés, au prix de tant d'efforts, en partant du Niger et du Congo pour aboutir au Nil.

Des divers rôles qui pouvaient être assignés à cette colonie, celui de voie d'accès à l'Abyssinie a seul été joué. Ce ne fut pas, au reste, sans de multiples difficultés, non seulement d'exécution, sur place, mais encore d'organisation à Paris, que le rail français atteignit par étapes Diré-Daoua (1er janvier 1903, 311 kilomètres), le fleuve Aouache (1er mars 1914, 548 kilomètres) et enfin Addis Abeba (le 7 juin 1917, 783 kilomètres). L'exécution de ce grand travail, les services qu'a déjà rendus cette ligne à l'Abyssinie, donnent une force sin-

(1) De 1893 à 1898 *neuf* ministres se succédèrent au Quai d'Orsay et au ministère des Colonies.

gulière aux droits que l'acte de concession du 9 mars 1894 accorde à la Compagnie, et mieux, à *la France* qu'elle représente ; l'article 4 de cette convention stipule, en effet, « qu'aucune autre compagnie de chemins de fer ne sera autorisée à construire des lignes concurrentes, soit des bords de l'océan Indien et de la mer Rouge jusqu'en Éthiopie, soit depuis l'Éthiopie jusqu'au Nil Blanc ». Il n'est peut-être pas inutile de rappeler ce texte au moment où l'ancienne partie interrompue jadis, lors d'Adoua, semble recommencer entre deux des principaux partenaires, l'Angleterre et l'Italie, sans que les deux autres joueurs, l'Éthiopie et la France, aient été invités à reprendre leur place.

Le 13 décembre 1906 on avait encore causé à trois : les trois puissances européennes, tout en s'engageant à respecter l'intégrité et l'indépendance du royaume africain, avaient défini les zones où elles désiraient sauvegarder contre tout conflit leur influence et leurs intérêts respectifs : pour l'Angleterre, la vallée du Nil ; pour l'Italie, l'hinterland à l'ouest d'Addis Abeba ; pour la France, la zone du chemin de fer. En décembre 1925 l'Angleterre et l'Italie ont causé à deux : le 14, sir Ronald Graham, ambassadeur à Rome, écrit au président Mussolini ; il lui demande l'intervention amicale de son gouvernement auprès du gouvernement éthiopien pour obtenir le droit de construire un barrage sur le lac Tsana, afin de régulariser le cours du Nil Bleu, et celui d'établir une route praticable aux automobiles entre ce lac

et la frontière du Soudan anglo-égyptien. En
échange de ces bons offices éventuels, le gouvernement britannique s'engage à favoriser auprès du
gouvernement abyssin les démarches que l'Italie
pourrait tenter en vue d'être autorisée à construire
un chemin de fer reliant la frontière de l'Érythrée
à celle de la Somalie italienne, et en vue d'obtenir
des concessions économiques dans l'ouest de
l'Éthiopie, spécialement dans tous les territoires
traversés par ce chemin de fer.

Le 20 décembre, le premier ministre italien
répondait à l'ambassadeur anglais en acceptant
toutes ses propositions.

Cet accord ne fut connu en Europe qu'au printemps 1926. Il ne manqua pas de susciter de
sérieuses appréhensions en France, en Abyssinie,
et d'exciter même des critiques assez sévères à la
Chambre des Communes comme dans une partie
de la presse anglaise. En France on vit dans les
avantages promis à l'Italie une sorte de monopole commercial en Éthiopie Occidentale. Le ras
Taffari considéra cette convention comme une
atteinte à la souveraineté de sa nation, enfin en
Angleterre des personnalités qualifiées, telles que
sir Murdoch Macdonald, l'un des promoteurs et
constructeurs du barrage d'Assouan, contestèrent
la nécessité des travaux envisagés au lac Tsana.

Le 19 juin 1926, le ras Taffari adressait à la Société des Nations une protestation où, sous la courtoisie prudente des formules, il est aisé de discerner
une crainte des arrière-pensées politiques dissi-
mulées peut-être par cet accord économique.

Cette lettre entraîna de vives réactions dans la presse des deux pays mis en cause ; les gouvernements incriminés se défendirent non sans aigreur de toute intention malveillante, l'un déclara *absurdes* les craintes du ras, l'autre les qualifia de *ridicules*. Notes officielles, journaux, discours parlementaires ont multiplié les apaisements ; il n'en reste pas moins que deux grandes puissances, après s'être opposées à l'admission de l'Éthiopie à la Société des Nations, et après avoir éveillé ainsi ses susceptibilités, ont, en usant de procédés diplomatiques un peu périmés (que signifie aujourd'hui cette expression « zone d'influence »? Le *Times* a reconnu lui-même que cette vieille formule, bien usée, n'était guère « de bon aloi »), inquiété une nation jeune, fière de son indépendance qu'elle a su faire respecter, et tenu à l'écart de leur conversation le troisième signataire de l'accord tripartite de 1906. Tant de maladresses sans autre raison que le mépris du « qu'en dira-t-on »? A qui le ferait-on croire? Certes l'Angleterre sait mépriser avec sérénité, mais !'Italie n'en a pas encore l'habitude ; libre à elle de reprendre le flirt qui l'a conduite en 1896 à de bien pénibles surprises. Libre à elle de rêver à un chemin de fer de 2 000 kilomètres pour rejoindre l'Érythrée à la Somalie... Avant qu'il soit terminé, le chemin de fer franco-éthiopien transportera encore de beaux tonnages. Mais devant ce renouveau de la politique anglo-italienne en Éthiopie, la France doit se montrer vigilante et veiller à ne pas laisser passer vainement une fois encore les occasions que peut à nouveau lui fournir le destin.

*
* *

Ce rôle politique, Djibouti pourra le jouer avec une autorité d'autant plus grande que nous lui donnerons plus de moyens de remplir pleinement son rôle économique. Un port, c'est avant tout une gare raccordant une ligne maritime à une voie ferrée. La voie ferrée existe, elle a drainé en 1924 plus des deux tiers du trafic de l'Éthiopie, 249 millions environ, contre 80 millions d'échanges faits à travers les frontières de l'Érythrée et de la Somalie italiennes, et 27 millions transités par les colonies anglaises voisines (Soudan anglo-égyptien, Somaliland britannique, Kenya).

Pour développer en Abyssinie le prestige et les intérêts de la France, il ne convient pas de céder aveuglément à tous les désirs, à toutes les prétentions des dirigeants abyssins qui savent user avec virtuosité des compétitions européennes pour obtenir ferme des uns ce que d'autres sont réputés leur avoir promis. On semble avoir renoncé, par exemple, à l'étrange projet de faire de Djibouti un port franc ; autant vaudrait amener notre pavillon et déclarer franchement Djibouti port abyssin. Le chemin de fer français a rendu et rend assez de services à l'Abyssinie pour que pareille prétention soit écartée.

Mais c'est en faisant de Djibouti un *grand port* que nous rendrons le plus de services à l'Abyssinie et à cette petite colonie elle-même. Mon ami

Albert Sarraut a écrit en 1922, dans son programme de mise en valeur des colonies françaises : « Il est indispensable de réaliser *sans délai* à Djibouti les installations maritimes qui permettront aux grands navires de faire à quai leurs opérations de chargement et de déchargement, en y trouvant un outillage approprié, et de s'y approvisionner rapidement en aliments frais, en eau, en charbon, voire en pétrole. »

Sans délai! Quatre ans ont passé depuis lors et rien n'a été fait. Il semble cependant que dans un programme d'ensemble on devrait exécuter d'abord les travaux qui ont pour nous une importance *mondiale*, supérieure aux intérêts d'une colonie déterminée. Quand on voit avec quel soin les Anglais ont jalonné de dépôts de charbon (et de canons) toutes les routes des Indes, et si l'on constate que nous avons seulement une relâche sur la route de l'Indochine et de Madagascar, on demeure confondu de notre insouciance à l'égard de Djibouti.

Pendant ce temps les Italiens ont beaucoup travaillé à Massaoua, et le total de marchandises à destination ou en provenance de l'Abyssinie, transitant par l'Érythrée, est passé de 5 millions en 1911 à 77 millions en 1924. En matière maritime, le fret suit généralement l'outillage des ports où il est reçu.

Une seule réalisation industrielle a été jusqu'ici accomplie par la France sur cette côte somalienne au climat si terriblement brûlant, ce sont les Salines.

S'étendant sur une superficie sans cesse accrue, pourvues d'un matériel chaque jour amélioré, elles ont vu leur production doubler de 1920 à 1925 (de 13 000 à 26 000 tonnes) — et cette progression est loin d'être terminée. Aux débouchés que trouve cette production (les Indes, Madagascar, le Tonkin), il est facile de voir combien sont solides, et pour tout dire, nécessaires, les liens qui unissent Djibouti à nos possessions diverses d'Extrême-Orient.

Après le rapide examen qu'il vient de faire avec nous, le lecteur comprendra mieux sans doute les avantages exceptionnels de la position occupée par Djibouti. Si l'on met à part le chemin de fer du Yunnan, qui dessert avant de pénétrer en Chine une partie du Tonkin, l'exemple est unique d'un chemin de fer français sortant d'une colonie française pour servir les intérêts économiques d'une nation moins évoluée. En raison de cette voie ferrée, Djibouti a une importance africaine de premier ordre ; en raison de ses relations maritimes avec l'océan Indien et le Pacifique, son importance « asiatique » n'est pas moindre. C'est le point où deux courants viennent se rencontrer ; mais jusqu'ici les deux courants ne sont pas mis en contact, ce sera le rôle du port à créer que d'assurer ce contact, et nous en avons dit assez pour que l'avenir de cet « emporium » nous apparaisse lourd de promesses, si la France, suivant une politique loyale vis-à-vis de l'Abyssinie, collaborant franchement avec elle au point de vue économique, sans s'associer aux convoitises qui paraissent tendre à la dépecer, veut montrer sur ce petit coin de terre africaine quelles peuvent être sa vigilance et son activité.

CHAPITRE X

I. *Saint-Pierre et Miquelon.*

Sur les plus anciennes cartes du seizième siècle, les terres les plus septentrionales de l'Amérique du Nord sont appelées « Terre des Bretons ».

Ce fait nous prouve l'ancienneté des relations entre Saint-Malo et ces lointains rivages où de hardis marins, sur des barques de faible échantillon, n'hésitaient pas à aller pêcher la morue.

A cette époque, on ne savait pas encore que Terre-Neuve fût une île, et nous ne notons aucune mention spéciale des îles Saint-Pierre et Miquelon. En 1518, le baron de Léry tenta un établissement à Terre-Neuve. En 1527, un capitaine anglais, John Rut, rencontra sur les bancs douze navires français. Le 10 mai 1534, le Malouin Jacques Cartier s'arrêta à Terre-Neuve au cours de son premier voyage (20 avril-5 septembre 1534). Il y revint à la fin de son second voyage, de mai 1535 à juillet 1536, celui où il avait, le premier, planté le pavillon royal sur la terre canadienne. Au cours de ce retour, cet illustre navigateur séjourna quelques jours aux îles, où il avait rencontré, lui aussi, des pêcheurs bretons, et il eut le mérite d'établir que Terre-Neuve n'était pas rattachée au continent.

Sans être explicitement mentionnées dans les actes diplomatiques, les îles de Saint-Pierre et Miquelon suivirent, jusqu'au traité de Paris de 1763, la fortune de Terre-Neuve. Au début du dix-septième siècle, nos négociants normands et bretons armaient de nombreux navires pour la pêche à la morue ; nous possédons un règlement établi par des armateurs malouins à la date du 25 mars 1640, qui fixe la police de la pêche à Terre-Neuve. A la fin du siècle, à la suite de la guerre de Hollande, le nombre des bâtiments affectés à cette pêche fut réduit de moitié (150 environ au lieu de 300).

En 1697, d'Iberville s'empara de Saint-Jean et de l'île presque entière. Au traité de Ryswick, signé à la fin de cette même année, l'Angleterre fut remise en possession de ses établissements. Le traité d'Utrecht (11 avril 1713) confirma le précédent : Terre-Neuve appartiendra à l'Angleterre, mais les Français auront le droit de pêcher et de sécher le poisson sur la partie de la côte appelée « Le Petit Nord » (entre le cap Bonavista et le cap Saint-Jean). Les pêcheurs français n'auront pas la liberté de construire à terre des habitations permanentes. Ce texte fut l'origine de discussions juridiques multiples, sur le sens qu'il fallait donner à ces dispositions : Convenait-il d'entendre que, dans la partie accessible à nos pêcheurs, ceux-ci avaient l'exclusivité de la pêche? Dans ce cas, n'existait-il pas un véritable rivage français, un *French Shore?* Les jurisconsultes internationaux ont écrit pendant près de deux siècles de savantes dissertations pour et contre. La question a été réglée par l'accord franco-anglais du 8 avril 1904. Il a fallu l'entente cordiale pour aboutir (1).

Le traité de Paris (10 février 1763) nous reconnut la propriété complète des îles Saint-Pierre et Miquelon, où vinrent s'établir un certain nombre de Canadiens français qui ne voulaient pas se soumettre à la domination anglaise.

La guerre de l'Indépendance américaine eut pour conséquence directe, le 24 mai 1778, la prise des îles par une escadre anglaise. Toutes les familles françaises furent aussitôt expulsées. Elles ne revinrent qu'après la signature du traité de Versailles (3 septembre 1783) en vertu duquel notre souveraineté nous fut rendue (au prix de quelques modifications dans nos zones de pêche à Terre-Neuve) — 1 223 anciens habitants furent rapatriés par l'État français (510 en 1783, 713 l'année suivante).

Sur la vie de la colonie depuis cette date, nous avons trouvé un petit livre composé au cours de la guerre en 1916, par M. Daniel Gauvain, avocat, pour célébrer le centenaire de la réunion définitive de Saint-Pierre à la France. Cette brochure est émouvante ; c'est un véritable livre d'or du loyalisme. Sous forme de simples éphémérides, elle

____

(1) Émile BOURGEOIS, *Nos droits à Terre-Neuve.* Dans les *Annales de l'Ecole libre des Sciences politiques,* année 1899.

nous donne, à chaque jour de l'année, le souvenir
de quelque événement mémorable pour les familles
locales ; quels sont ces événements? Le plus souvent, des naufrages, des ouragans qui jettent à la
côte les goélettes des terre-neuvas. Que la vie
doit être dure sur ces terres lointaines ! A plusieurs reprises, des incendies dévastent une partie
de Saint-Pierre. Les joies sont rares ; une escadre
qui passe et que l'on fête, l'inauguration de l'éclairage électrique, d'un câble, d'un service postal
avec la mère patrie. Quelquefois elles nous paraissent puériles : à la date du 20 octobre 1893,
nous lisons : on entend pour la première fois le
phonographe à Saint-Pierre ; mais combien cette
puérilité même nous fait-elle mieux connaître « ce
pauvre pays où passe et disparaît si vite tout ce
qui n'est pas la famille », comme a écrit M. Gauvain !

Bornons-nous à transcrire, en les regroupant,
quelques-unes des « éphémérides saint-pierraises » ;
on croirait lire le journal de bord d'un brave petit
navire perdu sur l'Océan.

1793. 11 *avril.* — Plusieurs membres de l'Assemblée de la Commune contestent à la France le
droit de faire des lois pour la colonie. Après discussion, l'Assemblée déclare se conformer aux lois
métropolitaines.

12 *avril.* — Plusieurs familles miquelonnaises
émigrent aux îles de la Madeleine, sous la conduite
de leur curé, l'abbé Allain, qui a refusé de prêter
le serment constitutionnel.

5 *mai.* — Des chaloupes venant de Terre-Neuve annoncent la déclaration de guerre entre la France et l'Angleterre. L'Assemblée communale, convoquée par le commandant, nomme un comité de défense.

9 *mai.* — En raison de la guerre entre la France et l'Angleterre, l'Assemblée communale décide de mettre une batterie en état.

14 *mai.* — Une escadre de trois frégates et quatre autres bâtiments anglais sous les ordres du vice-amiral King s'empare de la colonie. Ses 1 502 habitants sont conduits à Halifax et de là en France.

1816. 22 *juin.* — Deux transports de l'État, la *Caravane* (pour Miquelon) et la *Salamandre* (pour Saint-Pierre), ramènent dans la colonie 150 familles, comptant 645 personnes qui avaient dû abandonner leurs foyers en 1793.

1870. 6 *septembre.* — La loterie en faveur des victimes de la guerre contre la Prusse produit net 1 175 francs.

1871. 16 *février.* — Le prince Adalbert de Prusse discute le traité franco-allemand et demande l'annexion des îles de Saint-Pierre et Miquelon à l'Allemagne.

1914. 6 *août.* — Départ du chalutier *Jeannette*, avec trente-deux mobilisables dont le lieutenant Benâtre (et un garçon de dix-sept ans, Turpin Gaston, pour engagement avec consentement de son père).

19 novembre. — Eugène Benâtre, chevalier de la Légion d'honneur, lieutenant de réserve, est tué à Sainte-Menehould, à la tête de sa compagnie. Il a cinquante-trois ans et laisse sa femme et dix enfants.

1915. *3 février.* — Départ du premier contingent, après une retraite au son des cloches, accompagné par toute la population, par le transatlantique *Chicago*.

1916. *27 juillet.* — Robert Le Buf, aspirant-officier, né à Saint-Pierre, meurt pour la patrie dans sa vingtième année.

...Voilà le ton. Que pourrions-nous ajouter ? Est-il possible de mettre plus de simplicité dans l'accomplissement du devoir ? Une telle simplicité, une telle loyauté, une telle bravoure ne sont-ce pas les plus belles qualités françaises, et nous faut-il d'autres preuves pour affirmer que nos colonies sont la France même ?

*
* *

La seule production des îles Saint-Pierre et Miquelon est la pêche. Voici pour l'année 1925 le tableau des exportations :

Morues............	20 166 tonnes valant	33 928 598	francs
Harengs..........	130	—	72 000 —
Poissons de conserve............	79	—	146 000 —
Huile de foie de morue..........	340	—	1 420 000 —
Poissons congelés.	125	—	158 000 —
Soit au total...	20 840	—	35 724 598 francs

Le total est nettement supérieur à la moyenne des dernières années qui ne dépassait pas 20 millions de francs. Il pourrait sans doute être plus élevé encore si, comme le projet en a été formé, certaines usines s'installaient aux îles (en dehors du frigorifique auquel on doit la dernière ligne du tableau ci-dessus) pour conserver ou utiliser sous des formes variées les produits et sous-produits de la pêche.

Quant aux importations, elles consistent presque entièrement en vins, eaux-de-vie et liqueurs, et se sont élevées à près de 80 millions l'an passé pour ces divers articles. Chose curieuse, c'est l'Angleterre qui est la principale importatrice de ces produits. Elle compte dans le total pour 61 millions, la France pour 9 millions seulement, dont 3 millions de vins de Champagne. La raison est simple, c'est elle qui pratique le mieux la contrebande contre les lois de prohibition américaine. Les importations de cet ordre sont aux îles Saint-Pierre et Miquelon un curieux thermomètre à la fois de la contrebande américaine et de la répression de cette contrebande, de 43 millions en 1919 le commerce général de la colonie était passé à 97 millions environ en 1922 et à 299 millions en 1923. En comparant ces chiffres à ceux de 1925, on peut constater que l'âge d'or de la contrebande paraît passé.

*
* *

Envers cette petite colonie si loyale et si active, la France a des devoirs : limiter le plus possible, dans toute la mesure où l'art de l'ingénieur peut y réussir, les dangers de la navigation aux atterrages de ces îles : créer des phares, des signaux sonores pour temps de brume, améliorer les ports et leur outillage. Un programme a été tracé, un accord a été conclu entre les services de la marine marchande et ceux des colonies ; il convient de passer à l'exécution : tout retard augmente, sur la liste des « éphémérides saint-pierraises », le nombre des naufrages ; il ne fut déjà que trop élevé.

En second lieu, il convient de créer des lignes commerciales nouvelles entre ces îles et les autres terres françaises. Au cours d'un voyage effectué en 1924, mon ami M. Albert Sarraut est parvenu à établir avec le concours d'un actif armateur saint-pierrais, M. Legasse (dont un proche parent est un de nos prélats d'Afrique les plus éminents), une ligne de navigation servie par quatre vapeurs entre la colonie et les Antilles françaises. Pour les sels de Saint-Martin, les rhums, les sucres, les cafés des Antilles, Saint-Pierre et Miquelon sont un débouché important. Ce groupe d'îles peut fournir en échange des poissons salés et séchés dont la population antillaise fait une appréciable consommation.

Par de telles initiatives se resserreront les liens des diverses parties de la France Atlantique.

CHAPITRE XI

II. *Les Antilles.*

De la pointe sud de la Floride au delta de l'Oré-
noque, une série d'îles forment un arc de cercle
de grand rayon : ce sont, au nord, les îles Bahama
ou Lucayes et les grandes Antilles : Cuba, Ja-
maïque, Saint-Domingue, Porto-Rico ; puis du
nord au sud, les îles du Vent : Saint-Christophe,
Nevis, Montserrat, la Guadeloupe, Marie-Galante,
la Dominique, la Martinique, Sainte-Lucie, Saint-
Vincent, la Barbade, la Grenade, Tabago et la
Trinité. Des îles sous le Vent, parallèles à la côte
du Venezuela, nous aurons à mentionner seulement
Curaçao et les îles Aves.

Un simple coup d'œil sur la carte fait voir quelles
facilités pouvaient offrir ces archipels aux ennemis
de l'Espagne lorsque cette puissance tirait de l'Amérique centrale l'argent et l'or dont en Europe elle
soutenait sa grandeur. Le premier rôle des Antilles
fut donc un rôle stratégique ; mais elles valaient
plus et mieux en elles-mêmes : ceux qui les occupèrent connurent peu à peu leur fécondité, toutes
les denrées précieuses qu'elles pouvaient fournir

à l'Europe. Elles jouèrent alors dans la vie européenne, spécialement dans la vie commerciale française, un rôle économique de premier plan. Enfin, depuis le percement de l'isthme de Panama, un grand courant commercial nouveau tend à s'établir entre l'Europe et le Pacifique : si l'on tire deux lignes droites de la sortie de la Manche et du détroit de Gibraltar à l'entrée du canal de Panama, ces routes directes passent à la charnière entre les grandes et les petites Antilles, légèrement au nord de la Guadeloupe : on voit ainsi l'importance que nous devons attacher à nos possessions antillaises au triple point de vue d'un passé glorieux, des richesses présentes de leur sol, et du rôle qu'elles peuvent jouer encore à l'entrée d'un carrefour mondial où convergent les voies commerciales de l'avenir.

Les Français du seizième siècle entendaient par Pérou l'Amérique centrale et par « Isles du Pérou » les Antilles. Il n'est pas chez les notaires de Normandie, spécialement au Havre, à Honfleur, à Fécamp (elles furent brûlées à Dieppe), d'anciennes archives où ne soient conservées les minutes de multiples contrats d'armement pour ces îles. Bien avant que certaines d'entre elles fussent occupées par des représentants du roi de France, nos marins n'hésitaient pas à traverser l'Atlantique pour surprendre quelque galion, séparé par la tempête du convoi bien gardé où ces précieux transports étaient groupés à date fixe. Le plus souvent nos corsaires opéraient à deux, à l'imitation de certains oiseaux de proie, et l'on pourrait citer comme type de ces opérations le raid de deux Dieppois : la *Barbe* et la *Marguerite* qui, en 1553, prirent en chasse le convoi espagnol à hauteur de Porto-Rico, le suivirent pendant quarante jours à travers l'Atlantique, jusqu'à l'heure où ils purent s'emparer de deux galions chargés d'or et de perles.

Certains de ces corsaires comme François Le Clerc, dit *Jambe de Bois* (anobli pour sa valeur en 1551 par le roi de France), jetèrent la terreur parmi les grands chefs de la flotte espagnole : lorsqu'il était signalé, le fils du vice-roi des Indes restait lui-même toute la nuit au banc de quart. Leur audace ne connaissait pas de limite : en 1572, l'Anglais Drake et le Havrais Guillaume Le Testu (qui fut aussi un cartographe célèbre) débarquèrent dans l'isthme de Panama et pillèrent les trésors que des convois de mulets apportaient de la côte orientale du Pacifique. Le Testu perdit la vie dans ce coup de main, mais au partage du butin chaque matelot reçut soixante mille écus.

Il ne faudrait pas prendre ces corsaires pour des vulgaires pirates. Le gouverneur du Havre, celui de Brest, participaient à leurs armements. Le père de Mlle de Scudéry, lieutenant de Villars, gouverneur du Havre, partit en 1606 avec soixante-dix bâtiments armés en course pour razzier les côtes brésiliennes. Si le jeu rapportait gros, il n'était pas sans danger : les Espagnols faisaient subir à leurs prisonniers les plus horribles supplices ; l'équipage du capitaine dieppois Thomas Jacob étant tombé entre leurs mains, les habitants d'Hispaniola enduisirent de miel les corps de ces malheureux et les exposèrent nus aux piqûres des moustiques.

*
* *

Tels furent les précurseurs ; ils agissaient, on le voit, en « enfants-perdus », isolément, sans plan d'ensemble, pour leur compte. Avec le cardinal de Richelieu, fils d'armateur, armateur lui-même, va commencer la conquête des Antilles pour le compte de la France.

Le 2 octobre 1626 était constituée au capital de 45 000 livres la Compagnie de *Saint-Christophe et des Antilles*. Le capital avait été souscrit par des commis en service dans les bureaux du grand maître de la navigation ou par des marchands qui voulaient obtenir des lettres de noblesse. L'année précédente, le capitaine Urbain de Roissey avait été forcé, après un combat avec un galion espagnol, d'aller radouber à Saint-Christophe. A sa grande surprise, il y avait trouvé installé un Français de Lyon, Chantail, que nous aurons l'occasion de nommer à propos de la Guyane. Une partie de l'île appartenait aux Anglais : nos compatriotes construisirent deux petits forts et ne tardèrent pas à entrer en lutte avec leurs voisins. Une escadre de secours sous les ordres de Cahuzac, partie du Havre le 5 juin 1629, força les Anglais à respecter la place que nous avions prise.

Le 11 août, Cahuzac plantait le pavillon français sur Saint-Eustache, mais il commettait la faute de disperser ses vaisseaux. Le 8 septembre, l'amiral Fadrique de Toledo arrivait devant Saint-Christophe avec cinquante-trois bâtiments. Français et Anglais, sous les ordres de Belain d'Esnambuc, s'unissent et opposent aux Espagnols une résistance acharnée, mais ils succombent sous le nombre, et les survivants se réfugient à l'île d'Antigoa. Ils furent recueillis dans cette île par le fameux capitaine dunkerquois Giron qui les ramena à Saint-Christophe. En récompense de ces épreuves, le roi réserva au tabac exporté de cette île le privilège d'entrer en franchise dans tout le royaume.

Le 12 février 1635, la Compagnie de Saint-Christophe, avec le concours d'associés nouveaux, parmi lesquels nous ne serons pas surpris de trouver le nom de Fouquet, devint la *Compagnie des îles de l'Amérique*. Elle s'engagea, en retour de ses privilèges, à importer dans les îles au minimum 4 000 colons des deux sexes en moins de vingt ans. Elle n'éprouva aucune peine à tenir cet engagement. Les enrôlements volontaires affluèrent sur la côte normande : Honfleur fournit à lui seul 600 colons. Et puis il y avait un moyen bien simple à employer : acheter des noirs ; à cette date le prix moyen était de 200 livres.

En peu de temps, le domaine de la Compagnie s'enrichit : le 28 juin 1635, Charles Liénard de l'Olive et Jean du Plessis d'Ossonville occupent la Guadeloupe ; le 15 novembre 1635, Belain d'Esnambuc installe à la Martinique une garnison de quatre-vingts hommes sous les ordres de Jean du Pont ; deux jours après, le 17 novembre, c'est le tour de la Dominique confiée à Philippe Le Vayer de la Vallée.

Le roi crée, le 15 septembre 1638, une « lieutenance ès isles d'Amérique » et confie ce poste à un officier qui s'était couvert de gloire dans la Méditerranée sur les galères de Malte et était devenu chef d'escadre de Bretagne, le commandeur Philippe de Longvilliers de Poincy. Il arrive à Saint-Christophe le 20 mai 1639.

Sous son autorité, la prospérité de la colonie s'affirme. En 1640, il envoie Le Vasseur avec cinquante hommes prendre l'île de la Tortue, sur la côte Nord de Saint-Domingue, nid d'aigle où quelques Français venaient d'être massacrés par les Anglais. Dès 1642 il occupe Marie-Galante, la Grenade, Tabago. Le total des îles soumises au roi de France s'élève à quatorze. Elles sont groupées en trois secteurs : Saint-Christophe, la Guadeloupe, la Martinique. Elles comptent déjà une population blanche supérieure à 5 000 âmes.

Malheureusement cet essor fut brisé par une rivalité terrible entre Poincy et l'intendant des îles, gouverneur de la Guadeloupe, Patrocle de Thoisy. Celui-ci n'avait d'autre mérite que d'être favori de la reine. L'intrépide commandeur, loin de se laisser relever de son commandement par son rival, le fit arrêter. Le roi ferma les yeux, mais la Compagnie dut liquider ; *elle vendit* ses trois secteurs : celui de la Guadeloupe, à Hoüel ; celui de la Martinique, à Dyel du Parquet ; celui de Saint-Christophe, à l'ordre de Malte.

***

Une troisième Compagnie des Antilles fut fondée en 1664 par Colbert, sous le nom de *Compagnie des Indes Occidentales*. A partir de 1665 elle racheta ces îles à leurs divers propriétaires. Soit parmi les armateurs de France, soit parmi les planteurs de la colonie, cette création du grand ministre fut l'objet d'une opposition violente, on la traita de « loup garou ».

Le nouveau lieutenant général, marquis de Tracy, commença par mettre à la tête de chaque île un gouverneur énergique, pris dans une phalange d'officiers éprouvés qu'il avait amenés avec lui. Cette mesure ne fut pas inutile, car plusieurs de nos possessions, Saint-Christophe notamment, soutinrent de nombreux combats contre les Anglais en 1666 et en 1667. En juillet 1667, l'escadre de la Compagnie fut détruite à la Martinique, devant Saint-Pierre, par l'amiral anglais John Harman.

***

A côté des forces régulières que nous entretenions aux Antilles, il existait une force irrégulière et puissante, dont nous nous servions à l'occasion : les boucaniers et flibustiers de l'île de la

Tortue, appelés aussi « les frères de la Côte » pour l'aide absolue qu'ils se donnaient en toute circonstance. Le récit de leurs exploits, qu'il faut lire dans Oexmelin (1), semble un tissu de légendes ; il est cependant exact que jamais hommes ne reculèrent plus loin les bornes de la bravoure française. C'est à eux que nous avons dû de posséder, au cours du dix-huitième siècle, la plus belle, la plus riche, avec Cuba, des grandes Antilles : Saint-Domingue.

Nous ne parlerons pas ici de Monbars l'Exterminateur, ni de Nau l'Olonnois qui mourut haché, rôti et mangé par les Indiens du Darien. Mais nous devons dire quelques mots de celui qui fut leur chef, de Bertrand d'Ogeron, dont une inscription rappelle encore le souvenir dans l'église Saint-Séverin de Paris.

Comme beaucoup d'autres Parisiens, nous le verrons, Bertrand d'Ogeron s'était laissé prendre aux promesses mirifiques de quelques aigrefins au sujet de la Guyane. Arrivé dans ce pays en 1657, il perdit ses illusions comme il avait perdu sa fortune. Il vint se fixer à la Tortue, dont il fut nommé gouverneur en 1665. Ce n'était pas un brigand, loin

____

(1) *Histoire des aventuriers flibustiers qui se sont signalés dans les Indes*. Trévoux, 1744, 2 vol. in-12. C'est le pendant pour le dix-septième siècle de *l'Histoire véritable de certains voyages périlleux et hasardeux sur la mer*, publiée à Niort en 1599, qui est l'odyssée des corsaires antillais du seizième siècle. Parmi les exploits des flibustiers, il faut citer la traversée de l'isthme de Panama et la prise de cette ville le 17 janvier 1671, un siècle après l'expédition similaire où Le Testu avait trouvé la mort.

de là ; s'il faisait venir des colons de France, il les recommandait avec une ferme bonté au capitaine du navire, et rien ne lui causait plus de fierté que la pensée de ne pas en avoir perdu un seul en cours de route. De ce qu'il était capable de faire, on peut juger par ce petit détail : en février 1673, après un naufrage, il fut emmené prisonnier à Porto-Rico où les Espagnols laissèrent mourir de faim ses compagnons. Avec deux flibustiers, il s'échappa sur un petit canot : tous trois *revinrent en ramant avec leurs chapeaux et en se servant de leurs chemises comme de voiles.* Quelque temps après, *of course*, Porto-Rico était mis à feu et sang. Tel est l'homme qui implanta les premiers colons français à Saint-Domingue. Il mourut en 1677, nous laissant « une colonie de quatre-vingts lieues de pays sur neuf ou dix de large, quatre à cinq mille habitants qui font tous les ans pour deux millions de livres de tabac. » Le tiers occidental de l'île nous fut reconnu en 1697 par le traité de Ryswick.

La guerre entre la France et la Hollande fut marquée aux Antilles par des combats terribles, dont certains mériteraient d'être célébrés si « l'histoire-bataille » n'avait pas encouru depuis quarante ans le mépris de tous les pédagogues. Les anciens combattants de Verdun et de la Marne exigeront peut-être que l'on enseigne à leurs enfants les qualités morales dont ils ont fait preuve. Pourquoi ne rendrions-nous pas à nos pères l'hommage que nous espérons recevoir de nos fils? Voici un exemple de cette « histoire-bataille », à quoi, pour notre part, nous avons la fierté de nous intéresser :

Le 19 juillet 1674 arrive devant la Martinique (dont la population totale était alors de 5 000 âmes) une escadre hollandaise de 48 vaisseaux portant 4 336 marins, 3 386 soldats, 1 142 canons. Elle est commandée par Ruyter, le plus fameux chef d'escadre des Provinces-Unies, celui dont le pavillon est réputé invincible sur toutes les mers. Au pied du Fort-Royal sont ancrés dans le cul-de-sac du Carénage quatre bâtiments de commerce et un seul bâtiment de guerre, les *Jeux*, de trente-quatre canons, commandé par le capitaine Claude d'Amblimont. Pour armer le fort en prenant les matelots des navires de commerce et tous les hommes valides, nous arrivons à ameuter cent soixante et un hommes. Le 20 juillet, Ruyter débarque cinq mille soldats et marins ; l'assaut contre le fort est repoussé par le capitaine de Cacqueray et l'enseigne de Martignac ; sur le camp que l'ennemi essaie de former au bas des pentes, le capitaine d'Amblimont et le capitaine Beaulieu, commandant un des navires marchands, le *Saint-Eustache*, de Saint-Malo, concentrent leur tir à mitraille de plein fouet. Le tas de morts s'élève vite. La nuit, l'ennemi rembarque son monde (il avait perdu 574 hommes, nous *seize*). Le grand Ruyter avait été vaincu.

Les Hollandais essayèrent alors de remplacer ces opérations d'ensemble par des entreprises de détail. Partout ils furent repoussés : à la Grenade, en mars 1675 ; à Saint-Domingue, en juillet 1676.

A notre tour, nous passons à l'offensive : le 19 juillet 1677 arrive à la Martinique l'amiral Jean d'Estrées, avec dix vaisseaux de ligne et six navires légers, portant au total 446 canons. Un mois plus tard, le 20 février, cette escadre formée en deux lignes force la passe de Tabago, se lance à l'abordage sur la flotte de Binckes et jette à terre une troupe d'assaut pour enlever la citadelle. Il faut vaincre ou mourir, il serait impossible de sortir vaincu d'un pareil cul-de-sac. Un effroyable combat s'engage où l'incendie fait sauter à la fois amis et ennemis. De son navire en feu, d'Estrées passe sur un canot : un boulet le coule ; l'amiral arrive à terre à la nage, soutenu par deux matelots, et repousse une patrouille qui veut le faire prisonnier. Si la flotte hollandaise est détruite, la citadelle a résisté. D'Estrées revient le 10 décembre ; au troisième obus, la citadelle saute : de Binckes et des seize officiers qui étaient à sa table, on ne retrouva aucune trace.

La fortune se lassa de sourire à d'Estrées. Le 7 mai 1678 il cingle sur Curaçao avec dix-huit vaisseaux royaux et douze corsaires. Mais dans la nuit du 11 mai, n'ayant pas pris à bord de bons pilotes, il vient donner, avec toute sa flotte, dans les brisants des îles Aves. Sept vaisseaux, cinq cents canons, trois transports, trois navires de flibustiers s'engloutissent au milieu des rochers. Quelque temps après, une flotte de secours, venue de Brest, put repêcher 364 canons et 3 000 boulets.

***

Au milieu de ces luttes, les plantations (surtout les plantations de cannes) ne cessaient de prospérer (1). En 1687, la population des îles s'élevait à 18 000 blancs et 28 000 noirs. Dès 1682, elles faisaient avec la France un commerce de 26 millions, 200 navires de commerce étaient armés pour elles dans les ports de Rouen, Nantes, La Rochelle et Bordeaux. En 1700, la population atteignait 25 000 blancs et 70 000 noirs. La quantité de sucre que nous recevions des Antilles représentait le double de notre consommation. Ces colonies ne souffrirent pas sensiblement des guerres qui éprouvèrent si cruellement la France pendant les dernières années du règne de Louis XIV. Au traité d'Utrecht (1713) nous perdîmes seulement Saint-Christophe.

Toutefois, les cultures « riches » avaient fait négliger les cultures vivrières. Le ravitaillement des îles était en grande partie assuré par la métropole. La colonie, ayant été à plusieurs reprises menacée de famine pendant la guerre de la succession d'Autriche, nous dûmes organiser de grands convois, à la tête desquels s'illustrèrent du Bois de la Motte, Guichen, Duchaffault, chefs d'escadre dont

(1) Il n'en fut pas de même pour la Compagnie des Indes Occidentales, que les planteurs, nous l'avons vu, considéraient comme une intruse. Elle n'avait pas payé les terres qu'elle avait achetées, elle disparut en 1674 et les îles furent alors réunies au domaine royal.

certaines unités de notre marine nationale conservent encore les noms. Il convient de noter tout spécialement le combat du cap Finisterre (25 octobre 1747), où le chef d'escadre de l'Estanduère se sacrifia pour faire passer son convoi : deux cent quatre-vingts navires qui arrivèrent à destination.

La guerre de Sept ans fut beaucoup plus cruelle pour la France de l'Atlantique ; les croisières anglaises, spécialement celles de Rodney, causèrent à notre marine des pertes terribles sur les côtes de France et dans la colonie elle-même : la Guadeloupe, la Dominique, la Grenade, Sainte-Lucie, Saint-Vincent, Tabago furent occupées par l'ennemi. Quant à la Martinique, après avoir repoussé un débarquement au début de la campagne, elle succomba en mars 1762, huit jours avant l'arrivée d'une escadre envoyée de France pour la soutenir, sous les ordres de Blénac-Courbon. Les cinq mille hommes de cette escadre vinrent renforcer la garnison de Saint-Domingue.

Le traité de Paris du 10 février 1763 nous laissa ou nous rendit Saint-Domingue, la Guadeloupe, la Martinique et Sainte-Lucie, mais nous enleva la Dominique, Saint-Vincent, Tabago, La Grenade et les Grenadines.

Au cours de la guerre de l'Indépendance américaine, la mer des Antilles fut le théâtre de nombreux combats entre les flottes anglaises et françaises ; les îles avaient repris toute leur valeur stratégique d'autrefois. Les campagnes les plus célèbres furent celle de d'Estaing contre les amiraux anglais Barrington et Byron (1778-1779), au cours de laquelle la France reprit Saint-Barthélemy, Saint-Martin, Saint-Vincent, la Grenade ; celle de Guichen en 1780 contre Rodney, où l'amiral français montra plus d'habileté manœuvrière que d'audace offensive (il avait soixante-sept ans), celle de de Grasse en 1781 et 1782 contre Hood et Rodney, pendant laquelle nous reprîmes Tabago et Saint-Christophe, mais qui se termina si tristement, le 12 avril 1782, à la bataille des Saintes, lorsque le vaisseau amiral français, la *Ville de Paris*, dut amener son pavillon.

Au traité de Versailles (3 septembre 1783), la France et l'Angleterre se rendirent mutuellement leurs conquêtes aux îles ; nous reçûmes Tabago en échange de la Dominique, prise au début de la campagne en 1778 par le gouverneur, marquis de Bouillé.

Toutes ces campagnes, si étrange que cela paraisse, n'avaient pas ruiné la prospérité des îles : au cours de l'occupation anglaise pendant la guerre de Sept ans, la Guadeloupe avait même reçu beaucoup d'esclaves noirs. En 1780, elle comptait près de 100 000 habitants, la Martinique 86 000, Saint-Domingue un demi-million (dont 45 000 esclaves). Depuis 1782, une nouvelle richesse était venue s'ajouter aux plantations de cannes : le café. A cette date, le capitaine Déclieux avait acclimaté à la Martinique un pied de caféier que Jussieu lui avait remis au Jardin des Plantes de

Paris. On sait comment, pendant la traversée, le navire ayant été retardé par des calmes, cet officier avait sacrifié une partie de sa ration d'eau, pourtant strictement mesurée, pour maintenir la vie de cette petite plante fragile, qui valait plus qu'une conquête.

Il est difficile de chiffrer, en l'absence de toutes statistiques précises, le montant du commerce des îles avec la France pendant les dernières années du règne de Louis XVI ; les estimations varient de 260 à 450 millions. Une des plus précises évalue à 185 millions les matières premières que les îles nous fournissaient et à 78 millions les marchandises qu'elles nous achetaient. Pour traiter ces matières premières, des industries de transformation s'étaient créées en France, dont le chiffre d'affaires dépassait 150 millions ; 15 000 matelots vivaient de ce transit et il n'est pas téméraire d'estimer la part du commerce des îles au quart du commerce général de la France à la fin du dix-huitième siècle.

Toute l'aristocratie française était intéressée dans les affaires de la colonie : il en existe aux Archives nationales une preuve bien curieuse qui n'a pas encore été suffisamment exploitée. Dans la série où se trouvent conservés les papiers saisis chez les émigrés ou chez les condamnés des tribunaux révolutionnaires (série où M. Lenôtre a relevé tant de détails si précis pour ses vivantes études), il n'est pour ainsi dire pas de dossier concernant une famille qui ne contienne des titres de propriété, des contrats d'association, des comptes divers attestant des participations importantes dans les affaires antillaises. Cette aristocratie formait à Versailles, auprès du souverain, « un parti colonial » nombreux et puissant ; il serait plus juste de dire un « parti antillais », car l'influence de ce parti sur les souverains et les ministres s'exerça pour limiter aux seules Antilles les aspirations coloniales de notre pays. On ne saurait s'étonner, dès lors, qu'au traité de Paris le Canada ait servi de rançon aux Antilles.

Ce magnifique édifice était construit sur des fondations peu solides : le pacte colonial, la dépendance trop étroite entre les colonies et la mère patrie (l'interdiction faite aux colons depuis Colbert de commercer avec d'autres qu'avec des Français n'avait cessé d'être combattue par les planteurs qui voyaient d'année en année des débouchés nouveaux — spécialement en Amérique — s'ouvrir à leurs productions).

Dès le début de la Révolution, ceux qui résidaient dans la métropole fondèrent le « Comité colonial de France » dont le rôle, continué plus tard par la « Société des colons français » ou « Club Massiac », fut extrêmement actif et mit en échec, à plusieurs reprises, la Convention elle-même. Le 8 mars 1790, les colonies furent déclarées « partie intégrante de l'Empire français ». Toutes les compagnies privilégiées furent supprimées, tous les citoyens français qui y résidaient eurent dès lors le droit de commercer librement. Contre « la Société des Amis des noirs », fondée à Paris en 1787 et dont vingt-neuf cahiers présentés aux États généraux avaient soutenu les revendications en faveur de l'émancipation des esclaves, le « Club Massiac » fit admettre qu'il ne convenait pas de prendre une mesure générale à ce sujet, sans tenir compte des circonstances et des lieux. Le 15 mai 1791, sous la même pression, l'Assemblée nationale décréta que la future Assemblée législative « ne pourrait jamais délibérer sur l'état politique des gens de couleur qui ne seraient pas nés de père et de mère libres, sans le vœu préalable, libre et spontané des colonies ».

On sait quelles conséquences terribles entraînèrent dans nos colonies les mesures prises par la Convention, mesures inspirées par les sentiments les plus généreux, comme le patriotisme ou la conscience de la dignité humaine, mais dont les conséquences pratiques n'avaient pas été étudiées avec soin, ainsi qu'il était à attendre de décisions prises dans le tumulte et l'enthousiasme. L'acte de navigation du 26 mars 1793, en vertu de quoi le pavillon français devrait seul assurer la navigation de port français à port français, parut aux planteurs rétablir, au nom du patriotisme, « le pacte colonial » dont ils avaient eu si longtemps à se plaindre. Dans le décret du 4 février 1794, ordonnant l'abolition « immédiate et absolue » de l'esclavage, sans fixer aucune modalité d'application pratique, aucune disposition transitoire pour assurer la continuité du travail sur les plantations, tous les propriétaires des îles virent leur ruine « immédiate et absolue », au nom de l'humanité.

Nous ne nous étendrons pas sur les conséquences terribles qu'entraînèrent ces mesures : appels à l'étranger et guerres serviles. Venons-en directement au résultat final : en avril 1794, le drapeau tricolore ne flottait plus qu'à Saint-Domingue et à la Guyane, toutes les petites Antilles étaient perdues.

Ce fut l'honneur de la Convention de réagir avec vigueur. Elle envoya à la Guadeloupe Victor Hugues en qualité de commissaire extraordinaire : en fin septembre cette île était reprise et peu après ses satellites : la Dominique, la Grenade, Sainte-Lucie, Saint-Vincent, etc... Nos corsaires reprenaient la mer, et pourchassaient l'Anglais jusque dans le golfe du Mexique. Grâce à ces succès, la partie espagnole de Saint-Domingue nous fut cédée à la paix de Bâle ; à la paix d'Amiens tout notre ancien domaine colonial nous fut rendu.

A Saint-Domingue, Toussaint Louverture, qui avait conservé notre drapeau et repoussé des expéditions anglaise et espagnole, enivré de ses succès, écrivit au Premier Consul en qualité de Premier des Noirs s'adressant au Premier des Blancs. On sait quelle fut la réponse : l'expédition de Leclerc et de Villaret Joyeuse, 35 000 hommes et 41 vaisseaux ; toute l'île fut soumise.

Le décret du 27 avril 1802 rétablissant l'esclavage provoqua une insurrection générale. Leclerc mourut le 2 novembre de la même année et son successeur, Rochambeau, se rendit le 30 novembre 1803 au commodore Loring. Seul le général Ferrand, qu'une escadre partie de Brest, en décembre 1805 sous Leissègues, essaya vainement de soutenir (elle fut vaincue par Duckworth le 6 février 1806, et dut se jeter à la côte et s'incendier elle-même), tint dans la partie orientale de l'île jusqu'en 1809, jusqu'au suicide.

Le 29 novembre 1803 l'île se déclarait indépendante, le 8 octobre 1804 Dessalines se proclamait empereur ; le 20 avril 1805 il faisait massacrer tous les blancs, dans d'affreuses « Vêpres haïtiennes ».

Après la rupture de la paix d'Amiens, toutes les Antilles françaises, danoises, hollandaises furent reprises par les Anglais (capitulation de Villaret-Joyeuse à la Martinique, le 24 février 1809, d'Ernouf à la Guadeloupe en 1810). Au traité de Vienne, si nos possessions actuelles nous furent rendues, nous perdîmes Sainte-Lucie et Tabago ; les Hollandais Demerary (en Guyane), Ceylan et le Cap (occupé depuis 1806). L'Angleterre consommait sur les ruines de la marine française l'œuvre commencée par la guerre de Sept ans.

Quant à Saint-Domingue, une ordonnance du 17 avril 1825 reconnut son indépendance moyennant une indemnité de 150 millions, bientôt réduite des deux tiers. Seuls, quelques missionnaires bretons maintiennent encore la langue française dans cette île que Bertrand d'Ogeron avait voulu donner à sa patrie.

*
* *

Aujourd'hui la principale richesse des Antilles est encore le sucre, et les sous-produits de la canne (rhums, tafias, mélasses). En 1925, la Martinique a exporté pour un peu plus de 30 000 tonnes de sucre valant 79 millions, et la Guadeloupe près de 38 000 tonnes valant près de 70 millions, soit au total 68 000 tonnes et 149 millions. Si élevé qu'il soit, ce chiffre représente encore un peu moins du dixième de la consommation annuelle française. Or on sait combien notre production métropolitaine de sucre de betterave a été diminuée par la guerre. Sur 210 fabriques de sucre existant en 1914, 135 ont été détruites au cours des hostilités. On s'explique aisément le renouveau de faveur connu depuis la paix par nos sucreries coloniales. Toutefois la reconstitution des régions dévastées ayant bénéficié d'un magnifique effort, les sucres polonais, tchécoslovaques et autrichiens étant favorisés à leur entrée en France par des cours du change propices à nos achats, il y a lieu pour nos sucreries coloniales de prévoir un avenir moins facile que le présent et de songer à des débouchés plus nombreux que le seul marché métropolitain.

Les rhums figurent en 1925 pour 211 880 hectolitres, valant 78 millions et demi de francs, dans les exportations de la Martinique et pour 123 432 hectolitres, valant un peu plus de 57 millions de francs, dans celles de la Guadeloupe, soit au total 335 312 hectolitres et près de 136 millions de francs pour les deux îles.

Ensuite vient le café, dont la culture reprise avec énergie à la Guadeloupe a permis d'exporter l'an passé 978 tonnes valant 13 millions, tandis que la Martinique vendait seulement à l'extérieur 3 tonnes et demie pour 20 000 francs environ.

Notons encore la vanille dont la Guadeloupe a vendu 31 tonnes et demie en 1925 pour plus de 7 millions et demi, tandis que les exportations de la Martinique étaient seulement de 1 282 kilos valant environ 163 000 francs.

Le cacao pourra devenir une ressource précieuse pour les deux îles si les plantations de la Guadeloupe continuent à se développer et si elles sont imitées plus activement à la Martinique. Elles ont fourni à l'exportation, l'année dernière, 652 tonnes valant près de 3 millions et demi pour la première de ces îles, un peu plus de 500 tonnes valant 1 700 000 francs environ pour la seconde.

A la Guadeloupe qui paraît, d'après les statistiques, s'orienter plus activement que la Martinique dans la voie prudente des cultures variées, nous relevons la vente de 26 tonnes de coton en laine et de 95 tonnes de graines de coton (cédées en majeure partie aux colonies anglaises voisines) pour une somme totale proche de 700 000 francs.

Il est surprenant que ces îles, dont les fruits faisaient rêver les premiers colons venus de France, n'aient pu encore réussir à mettre sur pied, grâce aux progrès de l'industrie du froid, une organisation puissante pour le ravitaillement de la métropole en fruits exotiques, particulièrement en bananes. Les colonies anglaises voisines font des millions de livres sterling d'affaires pour ce seul produit avec le Royaume-Uni ; l'Amérique centrale est mise en coupe réglée par l'*United Fruit* américaine, une des plus puissantes sociétés mondiales, dont le chiffre d'affaires s'élève à des centaines de millions de *dollars* chaque année. Alors que la France est désignée par la nature pour être la pourvoyeuse de l'Europe entière en fruits exotiques, alors qu'elle possède des colonies comme les Antilles ou la Guinée, il ne s'est trouvé encore ni capitalistes, ni armateurs, ni planteurs, ni commerçants pour monter *ensemble* une belle affaire de culture, de transport et de vente des fruits exotiques. Ce serait cependant une mine d'or inépuisable, plus riche que tous les filons, car les filons s'épuisent et la sève de la terre féconde ne tarit pas.

*
* *

Pour mettre en valeur toutes les richesses latentes des Antilles qui sont bien loin d'être exploitées à plein rendement, il faudrait que la France pût revenir sur la faute qu'elle a commise (et qu'elle n'ose guère s'avouer à elle-même) en dotant ce pays de libertés qu'il n'était pas encore digne d'exercer.

La politique, voilà le fléau de nos vieilles colonies. Elle paralyse les initiatives, elle donne aux indigènes, en échange du bulletin de vote, le droit au moindre effort (ce qu'ils appellent la liberté du travail) ; que de temps perdu en palabres stériles, en discussions de personnes ! Dans des pays où l'indigène est en mesure de satisfaire à peu de frais des besoins modestes, à quoi bon, pense-t-il, se donner du mal, produire, exporter ? Qu'importe si la métropole manque cruellement de matières premières, si elle est obligée de les acheter à l'étranger au poids de l'or, si elle tremble de fermer ses usines, de ne plus donner de pain à ses ouvriers ? Ce n'est pas seulement la mère patrie qu'il convient d'éveiller à la conscience de la solidarité indissoluble qui unit toutes les parties du territoire national, ce sont aussi les colons et les indigènes de nos colonies ; à eux comme à nous il paraît nécessaire de faire comprendre que la première des politiques, c'est la politique économique ; avant de discourir éperdument sur les idées ou sur les hommes, il faut se nourrir, il faut se vêtir, il faut en un mot vivre dignement, largement, librement. La pire des servitudes, c'est l'emprise économique de l'étranger ; le premier devoir d'un Français est de s'en affranchir. Tant qu'il ne l'aura pas fait, il n'aura pas le droit de se croire libre, et de se livrer, en toute insouciance, aux agitations stériles de ce qu'il appelle la liberté.

Que les Français clairvoyants des Antilles et de la métropole regardent d'ailleurs avec soin une carte et songent à certaines éventualités qui peuvent se produire : déjà les États-Unis « contrôlent », pour employer un des mots qui leur sont chers, Cuba et Haïti. Ils ont achevé le canal de

Panama pour n'avoir plus leur flotte de guerre partagée entre deux océans : leur flotte de guerre, joujou tout neuf dont ce peuple neuf est si fier. Que se produirait-il si une nouvelle guerre d'indépendance venait à éclater, d'indépendance économique celle-ci, et, pour tout dire, d'hégémonie commerciale mondiale? Comme aux seizième, dix-septième et au dix-huitième siècles, les Antilles, sans perdre leur valeur propre si précieuse, reprendraient un rôle stratégique de premier plan. Écartons même ces éventualités tragiques, les guerres ne sont que les crises violentes d'une lutte implacable qui se poursuit sous les dehors trompeurs de la paix. Les courants commerciaux se déplacent, et de ces déplacements aussi importants que la production ou la transformation des matières premières, certaines nations peuvent un jour se trouver ruinées.

Qu'avons-nous fait pour surveiller, utiliser au besoin les conséquences de l'ouverture du canal de Panama? Si la question eût été d'ordre parlementaire, nous aurions nommé une commission. Comme elle ne l'était pas, nous avons trouvé l'équivalent ; nous avons envoyé une mission. Que les anciens chefs de cette mission ne voient dans nos paroles aucune critique à leur adresse ; ils ont très sérieusement, très intelligemment travaillé et fourni un excellent rapport. Ils ne pouvaient rien faire de plus, mais à notre gouvernement il appartenait de faire davantage : de donner aux ports de la Guadeloupe et de la Martinique les moyens de se développer dans la paix, de faire

respecter leur indépendance en cas de guerre. Rien
n'a été fait : la politique, la hideuse politique était
là. Ne disons pas que ces colonies sont trop lointaines pour être défendues : les ombres de Bertrand d'Ogeron, de Claude d'Amblimont, de Jean
d'Estrées nous interdisent de pareils renoncements : ces vaillants nous ont montré ce que le
Français peut faire avec un minimum de moyens.
Refuser aux Antilles l'équipement nécessaire à
leurs progrès économiques et à la sauvegarde de
leur nationalité, serait une trahison envers le
passé comme envers l'avenir.

CHAPITRE XII

III. *La Guyane.*

Lorsqu'en 1596 parut à Londres l'ouvrage de Raleigh sur *la Découverte du vaste, riche et bel empire de Guyane*, tous les peuples colonisateurs de l'Europe rêvèrent de cette ville de Manoa l' « el Dorado », où les trésors des Incas semblaient attendre la ruée de leurs convoitises.

Par lettres patentes du 8 mai 1602, Henri IV autorisa René-Marie de Montbarrot, gouverneur de Rennes, à lever quatre cents soldats, à armer des vaisseaux, à recruter des colons pour fonder une colonie en Guyane. Montbarrot confia la direction de l'expédition à son associé, Daniel de la Touche de la Ravardière. Celui-ci partit de Cancale le 12 janvier 1604 avec un navire et une patache. Il releva avec soin la rivière de Cayenne, visita Sainte-Lucie, les pêcheries de perles de l'île de la Marguerite et, le 15 août, rentra à Cayenne. Peu de temps après, il fut nommé lieutenant général en Guyane à la place de Montbarrot, qui, tout compte fait, préférait garder son gouvernement de Bretagne.

Parmi les premiers colons qui tentèrent sur cette côte un établissement sérieux, il convient de citer le Lyonnais Chantail que nous avons déjà rencontré à Saint-Christophe. Nous lui devons notre premier comptoir sur les bords du Sinnamari. En 1626, un Dieppois, Belleville, lui amena vingt-six hommes de renfort sur la *Fleur de Lys;* en 1628, quatorze nouveaux colons, cinquante en 1630, soixante en 1632 ; les Hollandais ayant voulu acquérir à prix d'argent et sans coup férir cette petite colonie, les nôtres repoussèrent avec mépris cette proposition.

Le 27 juin 1633, la Compagnie rouennaise Rosée-Robin reçut le monopole du commerce sur les rivières d'Avau et du Maroni. Elle ne tenta aucune entreprise sérieuse, aussi son monopole fut-il transféré en décembre 1638 à Jacob Bontemps. En échange de ce monopole d'une durée de trente ans, le concessionnaire s'engageait à transporter mille à douze cents personnes en Guyane (à ce moment il ne restait plus que six Français à Cayenne, quatre au Maroni, sept à Surinam).

Peu de temps après, se forma une expédition qui nous apparaîtrait seulement ridicule, ou comme l'on disait alors « burlesque », si elle n'avait eu des résultats tragiques : un Parisien, Charles Poncet de Brétigny, après avoir été nommé lieutenant général en Guyane, engagea un nombreux domestique, enrôla de plus nombreux colons et partit de Dieppe le 1ᵉʳ septembre 1643 en pompeux apparat. Le 27 novembre il débarquait à Cayenne et ne tardait pas à indisposer contre lui les rares colons de la Compagnie Rosée-Robin et les malheureux qui avaient suivi sa fortune. La révolte gronde, on le traite de « Néron » et de « Caligula ». La fatalité qui semble peser sur la Guyane s'annonce déjà : tous ces pauvres gens prétendent être au « bagne ». Le 4 mars 1644, ils arrêtent leur tyran et se déclarent en « république ». Le nouvel État sera dirigé par un « Sénat » où siégeront les officiers. Un détachement réoccupe Surinam. A force d'énergie et de volonté la petite colonie va-t-elle vivre, s'agrandir? Un coup de théâtre se produit : Brétigny est délivré. Les nôtres évacuent Surinam, se fient à la promesse d'amnistie qui leur est faite, mais leur chef est repris de la folie des grandeurs ; il se donne à lui-même une couronne fermée et prétend fonder un royaume. Les Indiens se révoltent ; dans un combat Brétigny est tué ; tous nos établissements sont pillés et détruits, les survivants sont évacués sur Saint-Christophe.

Cette pénible expérience n'empêcha pas, quelques années après, une nouvelle expédition de se former à Paris. Des affiches avaient vanté les richesses et les beautés de la Guyane, comme celles d'un petit paradis ; les badauds qui se laissèrent prendre à ces vaines promesses se donnèrent, comme « chef moral », un savant astronome, l'abbé de Marivaux. En s'embarquant près du Pont-Neuf sur le *Coche d'eau* qui emmenait à Rouen les membres de cette équipée, l'abbé, embarrassé de ses livres et de ses instruments, tomba à l'eau sans qu'il fût possible de le repêcher. C'était un mauvais présage. Arrivés à Cayenne où rien n'était préparé pour les recevoir, ces infortunés périrent de misère. Cela n'empêcha pas les responsables de cette escroquerie, les sieurs de Maucourt et d'Aigremont, de revenir à Paris où ils se livrèrent à un bluff impudent, promettant de fabuleux dividendes, devant un énorme coffre-fort plein de richesses, disaient-ils, mais dont les clefs se trouvaient toujours égarées (Mme Humbert n'a rien inventé). Lorsque le lieutenant de police finit par faire ouvrir le coffre-fort, il était vide, comme bien on pense. Que reste-t-il de cette aventure? Une fable de La Fontaine (l'astronome qui se laisse tomber dans un puits).

Le 12 octobre 1663 fut fondée par Lefebvre de la Barre la *Compagnie nouvelle du cap du Nord ou de Cayenne*. Lefebvre de la Barre débarqua 750 hommes à Cayenne le 15 mai 1664 et fit capituler les Hollandais qui avaient subrepticement repris le pays depuis nos lamentables aventures.

Peu après, en 1665, la Compagnie nouvelle du Cap était rachetée, comme les Antilles, par la *Compagnie des Indes occidentales*, que nous connaissons déjà et qui, dans la pensée de Colbert, devait monopoliser le commerce de l'Atlantique, comme la Compagnie des Indes orientales devait « truster » le trafic de l'océan Indien et du Pacifique.

Lefebvre de la Barre installait ensuite comme gouverneur son frère Lefebvre de Lezy.

Après son attaque de la Martinique, l'amiral anglais John Harman se rendit devant Cayenne, et s'en empara le 22 septembre 1667. Mais cette conquête était vaine ; depuis le 31 juillet 1667 la paix de Breda était signée et nous rendait nos colonies (la nouvelle de la paix ne parvint aux Antilles que le 15 octobre). Deux des petites Antilles, Montserrat et Antigoa, servirent de rançon à la Guyane et à l'Acadie.

Pendant la guerre de Hollande l'amiral Jacob Binckes enleva Cayenne le 31 mai 1676. Le 17 décembre, l'amiral Jean d'Estrées jetait à terre 800 hommes, et dans la nuit du 21 décembre, enlevant ses hommes comme un enseigne, emportait la place d'assaut, faisant 219 prisonniers. Lefebvre de Lezy fut remis à la tête de son gouvernement.

Pendant la fin du dix-septième siècle nos pionniers reconnurent tout le pays situé au nord de l'Amazone et nous en rendirent maîtres. Mais le traité d'Utrecht (11 avril 1713) restreignit singulièrement la surface de notre occupation. L'article 8 céda au Portugal tous les territoires situés entre l'Amazone et la rivière Oyapock (ou Vincent Pinson, du nom de son premier explorateur), que les missionnaires et commerçants français ne pourront pas dépasser.

Le Maroni limitera les Guyanes française et hollandaise. Ces clauses furent l'origine de multiples contestations diplomatiques au cours des dix-huit et dix-neuvième siècles, « contesté franco-hollandais » et « contesté franco-portugais », devenu plus tard « contesté franco-brésilien ». Nous n'entrerons pas dans les détails de toutes les négociations relatives à ce sujet.

Au dix-huitième siècle nous assistons à une nouvelle et triste aventure guyanaise. En 1764, Choiseul envoya en Guyane, sous la direction du chevalier Turgot et de l'intendant Champvallon, plusieurs milliers de pauvres gens dont beaucoup, venus de l'Acadie, n'avaient pas voulu, après le traité de Paris, passer sous la domination anglaise. Amenés sur les bords du Kourou, ils ne trouvèrent ni habitations, ni magasins, ni hôpitaux, et périrent presque tous de misère et de maladies. De cette nouvelle tentative de colonisation officielle, il ne subsista rien que le renom d'insalubrité de la Guyane.

Une compagnie fondée en 1777 se chargea de coloniser Cayenne, moyennant le privilège exclusif de la traite des noirs et du commerce de la gomme sur les côtes d'Afrique, depuis le cap Vert jusqu'à la Casamance. Elle ne fit que donner un nouvel exemple d'inertie : elle perdit le monopole de la traite des noirs et conserva seulement le commerce de la gomme dans la rivière du Sénégal.

En 1784, la Compagnie du Sénégal lui succéda dans les mêmes monopoles, en acceptant de transporter tous les ans quatre cents nègres à Cayenne et de payer les frais d'administration de la colonie ; celle-ci était ainsi affermée à des négriers !

Pendant la Révolution française, cette colonie, en pleine anarchie entre « Petits Blancs » et « Grands Blancs », fut dédaignée par les Anglais ; les noirs émancipés y cessèrent tout travail, et elle commença à servir de territoire pour la relégation des prisonniers politiques, royalistes d'abord, terroristes ensuite.

Sous l'Empire, la Guyane fut prise par une flotte anglaise le 12 janvier 1809, après un essai de résistance par Victor Hugues. Elle nous fut restituée par le Portugal (allié de l'Angleterre) au traité de Vienne (9 juin 1815) et réoccupée en 1818.

Le gouvernement de la Restauration fit en 1823 une tentative de colonisation à la Guyane, en transportant des artisans et des cultivateurs sur les bords de la rivière Mana, où fut fondée la ville de la Nouvelle-Angoulême.

L'inertie des colons fit échouer tous les efforts du gouvernement. Une entreprise privée conduite par une supérieure des sœurs de Saint-Joseph de Cluny, Mme Jahouvey, connut peu après le même insuccès.

En 1854 furent découverts des gisements aurifères et les aventuriers se ruèrent sur les placers. On pourrait dire, malgré les apparences, que cette date fut néfaste pour la Guyane, car, depuis lors, toute la main-d'œuvre néglige les plantations et, d'autre part, le gouvernement de Napoléon III, voulant donner des travailleurs aux mines, organisa le pénitencier.

D'autres découvertes d'or au Carsevène envenimèrent, en 1895, les démêlés franco-brésiliens relatifs au « contesté ». Le 15 mai, à Mapa, petit poste fondé par nous en 1836, se produisit un incident sanglant entre un petit détachement français, commandé par le capitaine Lunier, l'enseigne de vaisseau d'Esgriennes et le lieutenant Destoup, et une bande brésilienne dirigée par Cabral. Le capitaine Lunier fut tué, le lieutenant d'Esgriennes blessé et le *Bengali* rentra à Cayenne le 17 avec ses blessés et ses morts. Cet incident donna lieu à un arbitrage confié à la Suisse ; la décision arbitrale du 1er décembre 1900 fut favorable au Brésil. Le contesté lui fut attribué et prit le nom d'Aricary (1).

***

La principale exportation de la Guyane reste l'or ; les chiffres des exportations officielles sont loin de correspondre à l'extraction réelle, car, ainsi que le notait en 1914 un voyageur averti (2), « l'or fuit devant la douane ». Ces chiffres officiels ont été en 1925 de 1 209 kilos valant 14 millions de francs et demi. Viennent ensuite l'essence de bois de rose pour 92 tonnes valant un peu plus de 10 millions, la gomme de balata pour 437 tonnes et près de 10 millions ; les bois pour 6 000 tonnes d'une valeur légèrement supérieure à 3 millions. Les cultures qui demandent un effort de défrichement sont presque nulles : cinq tonnes de cacao valant 26 000 francs.

(1) Le colonel PEROZ, un des pionniers du Soudan, a donné un dramatique récit de l'incident de Mapa dans son livre de souvenirs *Par vocation*, Paris, Calmann Lévy, in-18, s. d., p. 519 à 527.

(2) Albert BORDEAUX, *la Guyane inconnue*, Paris, Plon, 1914, in-18.

Pour comprendre les maux qui paralysent en Guyane tout développement économique, il convient de lire l'enquête si vivante et si clairvoyante qu'un jeune reporter de talent, M. Georges Le Fèvre, a publiée sous le titre *Bagnards et chercheurs d'or*. Ce titre nomme les deux seules sortes de main-d'œuvre que possède la colonie. Des chercheurs d'or, nous ne parlerons pas. Des bagnes, il faut dire, avec tous les observateurs impartiaux, qu'il est surprenant de voir le gouvernement tolérer, organiser même le conflit de deux administrations : l'administration coloniale, responsable devant le pays du progrès économique de ce pays, et l'administration pénitentiaire qui emploie des condamnés et les relégués à servir de « garçons de famille » (lisez de « Maître Jacques ») chez les bourgeois du pays. Pendant ce temps, aucun ouvrage d'utilité publique n'est accompli, la « route coloniale n° 1 », de Cayenne à Saint-Laurent du Maroni, n'a été exécutée que sur 25 kilomètres, et il faut trente heures pour accomplir en bateau un trajet qui s'effectuerait facilement en quatre heures si cette route était achevée.

Mais l'exécution de cette route est devenue, le croirait-on, une question politique où se déchaînent les passions locales. Suivant que l'on est rouge ou blanc, on est pour ou contre la route. Tant que l'utilisation de la main-d'œuvre pénitentiaire échappera aux ordres du gouverneur, le rendement économique de la Guyane sera toujours aussi médiocre.

Et puis, une fois encore, cette situation durera aussi longtemps que la politique sera la principale industrie du pays. Avec les Antilles, la Guyane est le plus triste exemple des dangers que comporte la politique d'assimilation. Il est pénible pour elle et plus fâcheux encore pour la France de lui voir jouer ce rôle d'ilote ivre.

CHAPITRE XIII

I. *L'Indochine. Étude historique.*

Ce fut le prosélytisme religieux qui poussa les premiers Français vers les terres d'Asie où flotte aujourd'hui le drapeau de la France : le Père Georges de la Motte, au Cambodge, en 1585 ; le jésuite Alexandre de Rhodes, vers 1640, en Cochinchine. Au milieu du dix-septième siècle, un chanoine de Tours, François Pallu, et un ancien magistrat, Pierre Lambert de la Motte, devenu prêtre du diocèse de Rouen, sollicitèrent du pape Alexandre VII l'autorisation d'envoyer des évêques créer les églises d'Asie. Cette suggestion ayant été agréée par le Souverain Pontife, ses promoteurs furent, le 17 août 1658, nommés évêques *in partibus infidelium.*

De leur initiative, de leur foi, naquit peu après la *Société des missions étrangères;* cette Société affréta en Hollande un navire, le *Saint-Louis,* qui disparut dans une tempête au Texel, avant d'avoir rallié un port français. Mais les vaillants propagateurs de la foi n'hésitèrent pas à entreprendre à *pied* la route qui, par la Perse, l'Inde, le Siam, unit l'Égypte à l'Extrême-Orient. François Pallu fut le premier vicaire apostolique du Tonkin, Lambert de la Motte le premier vicaire apostolique de la Cochinchine. Pendant les quarante dernières années du dix-septième siècle, la Société des missions étrangères envoya en Extrême-Orient quatre-vingt-seize missionnaires, dont beaucoup périrent sur ce long et rude chemin.

Les commerçants ne tardèrent pas à suivre ces traces : la *Compagnie des Indes orientales* dirigea plusieurs de ses agents vers la Cochinchine : en 1684, Le Chapelier ; en 1686, Verret ; mais nous savons quelle fut la destinée éphémère de cette Compagnie et nous ne pouvons nous étonner que ses premières tentatives n'aient eu aucune suite.

Ce sont toujours les mêmes hommes que nous allons trouver à l'avant-garde de la marche vers l'est : en 1737, Dumas propose de créer un comptoir au Tonkin ; en 1749, Pierre Poivre, le futur bienfaiteur de la Réunion, vient, à bord du *Machault*, porter une lettre de Louis XV à l'empereur d'Annam : il fut autorisé à fonder un comptoir au sud de Tourane, à Faï-Fo.

Si les hommes de guerre manquent en général de sens politique, les hommes d'Église sont, le plus souvent, habiles aux négociations ; en regard de tant de fautes commises aux Indes par des militaires, nous devons placer les succès obtenus en Indochine, pendant le dernier quart du dix-huitième siècle, par Mgr Pigneau de Béhaine (sacré évêque d'Adran en 1775). Appliquant la politique de Dupleix, il soutint comme prétendant au trône de Cochinchine le prince Nguyen-Anh, qui lui dut son succès. Un candidat au trône fait toujours des promesses : nous reçûmes celles du port de Tourane et du monopole du commerce, si nous fournissions 1 200 fantassins, 200 canonniers, 250 Caffres (ces Caffres dont les dames anglaises de Madras eurent si peur lorsque leur ville fut prise par La Bourdonnais) (1).

Les promesses de la cour de France ne furent pas tenues, mais l'on vit alors s'affirmer d'une façon éclatante la solidarité qui unissait tous les Français d'Extrême-Orient. L'Ile de France et Bourbon armèrent deux navires, Pondichéry deux autres. Des officiers, des ingénieurs s'embarquèrent sur ces quatre bâtiments et sur la frégate d'escorte la *Méduse* pour aller fonder plus loin vers l'est, cet empire que la France n'avait pu établir aux Indes. Grâce à leur appui, Nguyen-Anh reprit Hué en 1801, et, en juin 1802, après avoir reporté aux frontières de Chine les frontières de son empire, il monta sur le trône d'Annam et gouverna en paix pendant trente ans sous le nom de Gia-Long.

Nos officiers occupèrent les postes élevés de l'empire ; certains reconstruisirent, suivant les méthodes de Vauban, les citadelles de Saïgon, Hué, Hanoï et Bac-Ninh. Leurs efforts et leurs succès paraissent n'avoir guère été connus de Napoléon Ier, ou à tout le moins ne pas avoir retenu l'attention de

(1) Traité du 28 novembre 1787 signé à Versailles par le comte de Montmorin et le fils de Nguyen-Anh que l'évêque d'Adran avait accompagné.

l'Empereur. S'ils eussent été un peu soutenus par la mère patrie, nul doute que notre prestige n'eût été par la suite respecté davantage, et peut-être l'évolution vers la France de cet empire eût-elle été plus rapide et moins sanglante.

En effet, après la mort de Gia-Long, ses successeurs, Minh-Mang, Thieu-Tri, Tu-Duc, témoignèrent à ces Français et à nos missionnaires une hostilité violente : expulsions et massacres se succédèrent et déterminèrent, en 1847, une première intervention de nos navires de guerre (destruction de la flotte annamite à Tourane, le 15 avril, par la *Gloire* et la *Victorieuse*, sous les ordres du commandant Lapierre).

Une telle « démonstration » navale ne pouvait produire aucun effet durable. L'homme d'Asie ne comprend pas comme l'Européen le sens, les menaces d'un tel geste. L'escadre partie, la menace est oubliée : si elle est partie, c'est qu'elle n'était pas assez forte ; il faut *durer*. Autre dépense inutile de bravoure : le 16 septembre 1856, les marins du *Catinat*, sous les ordres du commandant Lelieur de Ville-sur-Arce, enlevèrent à la baïonnette la citadelle de Tourane, enclouèrent une soixantaine de canons... puis disparurent sur la mer vers les pays des « diables d'Occident ».

Il fallut en venir à une occupation territoriale. L'opinion publique s'inquiétait en France et en Espagne. L'impératrice (Espagnole d'origine) et l'archevêque de Paris décidèrent l'empereur. Le 1er mars 1858, neuf navires de guerre dont un espagnol (l'Espagne intervenait comme puissance catholique), 1 500 hommes de troupes françaises, 800 tagals (Indonésiens des Philippines), sous les ordres de l'amiral Rigault de Genouilly, s'emparent de Tourane où nous établissons une garnison. L'expédition se dirige alors sur le cap Saint-Jacques, remonte la rivière et bombarde Saïgon. Le 18 février 1859, à la pointe du jour, deux compagnies de marsouins, les compagnies de débarquement du *Phlégéton* du *Primauguet* et de l'aviso espagnol *El Cano*, brillamment enlevées par le commandant Martin des Pallières, emportent la ville et la citadelle, dont le capitaine de vaisseau Jauréguiberry devient le premier commandant.

Mais la petite garnison de Tourane appelle à l'aide, elle est encerclée. L'amiral se porte à son secours. Le 9 mai, nous enlevons à l'ennemi vingt forts et cinquante-quatre canons, nous le poursuivons sur la route de Hué, et nous lui infligeons, le 15 septembre, une nouvelle défaite. Peut-être eût-il été possible d'obtenir alors par les armes un résultat politique décisif, si la guerre de Chine n'eût pas appelé à ce moment devant Canton toutes nos forces disponibles.

Aussitôt la paix signée avec la Chine (25 octobre 1860), l'amiral Charner revint devant Saïgon où nous avions laissé une force de 800 hommes que les Annamites retranchés à Chi-Hoa menaçaient chaque jour. Les 24 et 25 février 1861, les retranchements de Chi-Hoa furent enlevés d'assaut. Les autres villes de Cochinchine tombent successivement en notre pouvoir : Mytho, le 13 avril 1861 ; Bien-Hoa, le 16 décembre 1861 ; Vinh-Long, le 23 mars 1862.

Ces succès donnaient à la France une colonie nouvelle : le traité signé à Saïgon le 5 juin 1862 et promulgué le 15 juillet 1863 accordait à la France et à l'Espagne une indemnité de vingt millions, et ouvrait au commerce de leurs nationaux les ports de Tourane, Quang-An et Ba-Lac. La France conservait les trois provinces de Saïgon, Bien-Hoa et Mytho, ainsi que l'île de Poulo Condore.

Il convient de reconnaître ici les services éminents rendus à la France par les amiraux qui exercèrent le commandement pendant cette période. Leur sens politique, leur esprit d'organisation étaient aussi élevés que leur bravoure au feu était brillante. L'amiral de La Grandière sut, par des missions habiles (confiées au docteur Hennecart et au lieutenant de vaisseau Doudart de Lagrée), par son propre voyage à Ou-Dong (le 9 août 1863), amener le roi du Cambodge à se placer sous la protection de la France (traité du 11 août 1863, ratifié en avril 1864).

La conquête de la Cochinchine achevée, il nous fut possible de réfléchir à la place que nous venions de prendre en Extrême-Orient, aux bénéfices d'ordre plus général que pouvaient nous procurer nos succès. L'Angleterre avait obtenu en Chine des avantages marqués ; les amiraux Rigault de Genouilly et de la Grandière conçurent le plan de réserver à leur patrie des avantages équivalents en ouvrant une voie d'accès nouvelle au Céleste Empire : la vallée du Mékong.

Doudart de Lagrée et Francis Garnier furent chargés de reconnaître cette voie : partis de Saïgon le 5 juin 1866, ils arrivèrent à la frontière chinoise le 16 octobre et pénétrèrent en Chine. Après le décès de son chef à Tong-Tchuan-Fou, le 12 mars 1866, Francis Garnier descendit le Yang-Tsé, passa à Shanghaï et revint à Saïgon le 29 juin 1868.

Le résultat de cette magnifique mission était très net : la véritable voie d'accès de la Chine méridionale n'était pas le Mékong, mais le Song-Coï ou Fleuve Rouge, le grand fleuve du Tonkin. Déjà cette voie était utilisée par un Français énergique, Jean Dupuis (que Francis Garnier avait rencontré au cours de son voyage) pour fournir des armes aux autorités régulières chinoises contre des pirates dont les collusions avec les mandarins annamités n'étaient pas douteuses.

Sur la plainte de ces mandarins, l'amiral Dupré envoya un officier français accompagné de quelques hommes faire une enquête sur place au Tonkin. L'officier choisi, le lieutenant de vaisseau Francis Garnier, arriva à Hanoï le 3 novembre 1873, sur le *d'Estrées* (56 hommes d'équipage) accompagnés de 30 hommes d'infanterie de marine sous les ordres d'un sous-lieutenant, M. de Trentinian, aujourd'hui un des officiers généraux les plus respectés de notre armée coloniale. Le 11 novembre, quelques petits bâtiments (le *Decrés*, l'*Espingole*, le *Scorpion*, une centaine d'hommes en tout) viennent rallier le *d'Estrées* et, le même jour, Mgr Puginier, évêque du Tonkin, peut éclairer Francis Garnier sur la mauvaise foi des autorités annamites, sur leurs intrigues... et sur leur faiblesse. Le vice-roi somme Francis Garnier de se rembarquer avec Jean Dupuis.

Le lendemain 12, Francis Garnier répond à cet ultimatum par un autre : celui d'évacuer la citadelle ; pas de réponse ; une semaine après, le 19, nouvelle sommation sans effet ; le 20, à six heures du matin, les Jaunes surent après les autres races de la terre ce qu'est l'audace française ; en quelques instants la citadelle fut prise et l'ennemi abandonna sur le terrain des pertes plus élevées que l'effectif total des assaillants : 80 morts, 300 blessés.

Dès lors, les nôtres ne laissent pas à l'adversaire le temps de se ressaisir et le frappent à coups redoublés avec la *furia* joyeuse de jeunes chefs de vingt ans. Enseignes et lieutenants s'en donnent à plein cœur : le 20 novembre, Bain de la Coquerie enlève Phu-Hoa ; le 26, Balny d'Avricourt, Phu-Ly ; Esmez prend Phu-Thuong, Phu-Binh et Hoaï-Yen. Le 5 décembre, Trentinian s'empare d'Haï-Duong. Le 7 décembre, la citadelle de Ninh-Binh se rend à l'aspirant Hautefeuille et à sept « marsouins ». Le 12 décembre, Nam-Dinh tombe devant Francis Garnier. Depuis le temps où les cavaliers de Lassalle enlevaient les villes allemandes à la pointe de leurs sabres, on n'avait jamais vu semblable épopée. L'on devine le frisson de joie et de fierté qui parcourut la France lorsqu'elle connut de telles nouvelles, trois ans après l'année terrible : l'envoûtement de la défaite semblait brisé, la tradition nationale était rétablie, c'est-à-dire l'habitude d'être vainqueur.

Mais la mère patrie n'eut pas le temps de se réjouir longuement : le 21 décembre 1873, dans une sortie contre les Pavillons Noirs, Francis Garnier était tué avec son fidèle lieutenant Balny d'Avricourt. La radieuse épopée avait duré exactement un mois : du 20 novembre au 21 décembre.

Au début de janvier 1874 arriva le lieutenant de vaisseau Philastre, qui n'avait pas, lui, une mentalité de conquérant, mais une timidité de vaincu. En quelques jours, les places prises sont évacuées, Jean Dupuis expulsé, son matériel séquestré à Haïphong. Le 16 février, la citadelle de Hanoï était rendue aux Annamites ; le 4 mars, Philastre rentrait à Saïgon, ayant ruiné l'œuvre de Francis Garnier. Le 15 mars, l'amiral Dupré, indigne successeur des La Grandière et des Rigault, signait avec l'Annam le deuxième traité de Saïgon, par quoi la France, en échange d'une reconnaissance bien superflue de souveraineté sur ses possessions de Cochinchine, s'engageait à fournir des armes à ses adversaires de la veille.

« Oignez vilain, il vous poindra, » dit le vieux proverbe. Si humiliant qu'il fût pour nous, ce traité ne fut pas reconnu par la Chine qui se prétendait toujours suzeraine de l'Annam, et cet acte resta toujours lettre morte. Menaces contre les missionnaires, attaques contre nos ressortissants reprirent de plus belle. Il fallut bientôt quitter notre attitude passive, et neuf ans après la mort de Francis Garnier la France trouva encore sur les faibles bâtiments qu'elle entretenait dans ces mers lointaines, l'officier qui pouvait le mieux la servir.

****

En 1882, la station navale de Cochinchine était commandée par un capitaine de frégate âgé de cinquante-cinq ans, Henri Rivière, qui de ses séjours dans « le monde » à Paris, où l'on avait bien accueilli ses articles de la *Revue des Deux Mondes* (1) et de ses voyages dans le plus vaste univers, avait gardé, avec quelques ambitions plus littéraires que militaires, une indulgence souriante assez détachée, un peu trompeuse, car elle dissimulait une âme exceptionnellement maîtresse d'elle-même. Dilettantisme tout de surface et de bon ton, au demeurant « très maritime », et qui semble être de style dans l'armée de mer.

Arrivé devant Hanoï le 3 avril avec deux compagnies d'infanterie de marine, quinze tirailleurs annamites et vingt artilleurs de marine, il somme

---

(1) Cf. Jeanne-Maurice FOUQUET, *le Salon de Mme Arman de Caillavet*, Paris, Hachette, s. d., in-16. On trouvera dans ce volume une des dernières lettres du commandant Rivière, datée du 8 mai 1888, onze jours avant sa mort.

les Annamites de lui rendre la citadelle. Cet ultimatum ayant été repoussé, il ordonne le feu le 25 avril à huit heures du matin. Après deux heures de bombardement par la *Fanfare*, la *Massue* et la *Carabine*, la place est enlevée d'assaut et l'affaire finie à onze heures.

Il semble qu'après ce succès Henri Rivière se soit senti avec quelque impatience bridé par les instructions du gouvernement. « Leur question du Tonkin sera bien forcée de marcher », écrit-il le 8 mai à Mme Arman de Caillavet. Le Myre de Villers l'accusa plus tard d'avoir désobéi à des instructions formelles. Il y a un demi-aveu et une justification dans ce passage de la même lettre : « Ce gouvernement qui ne se décidait à rien m'a ennuyé, et comme il avait eu l'imprudence de m'envoyer 500 hommes, je me suis mis à faire de moi-même ce qu'il ne se décidait pas à me faire faire. J'ai pris possession de toute une contrée minière, dont on avait grande envie, mais qu'on hésitait à prendre, et j'ai pris aussi une seconde citadelle. »

Cette dernière ligne fait allusion à la prise de Nam Dinh le 27 mars 1883 ; notons encore à ce sujet quelques mots dans cette dernière lettre : « Il y a un joli moment d'élan et d'entrain quand la porte vient d'être éventrée par le pétard et qu'on entre, le clairon sonnant la charge. » Voilà de la bravoure à la française ; le mépris de la mort dans un sourire amusé.

L'inaction apparente qui suivit — par ordre — cet exploit, encouragea les bandes annamites à se rapprocher d'Hanoï. Au moment où le commandant

Rivière écrivait la lettre que nous venons de citer, leur force s'élevait à 15 000 hommes armés de canons et de fusils à tir rapide. En face de ces hordes nous n'avions que 400 soldats, 350 marins débarqués de divers bâtiments, deux pièces de 65 et un canon Hotchkiss. Les 15 et 16 mai, deux sorties heureuses bousculèrent l'ennemi. Le 19, dans une affaire du même genre, à la suite d'une avant-garde maladroitement engagée, le commandant Rivière fut tué au « Pont de Papier ».

Si le ministère s'affola quelques jours, il se ressaisit assez vite, se décida à vouloir une politique et à prendre les moyens nécessaires pour l'exécuter. Le docteur Harmand, ancien compagnon de Garnier, fut nommé commissaire de la République au Tonkin, le corps expéditionnaire porté à 4 000 hommes, nos forces navales à une trentaine de bâtiments dont quatre cuirassés.

La France eut de plus à ce moment le bonheur d'être servi par un homme de premier plan, l'amiral Courbet. Après la mort de Tu-Duc (17 juillet 1883), son successeur Hiep-Hoa refusa de reconnaître le protectorat de la France. Les 18 et 19 août, l'amiral Courbet bombarde les forts de Thuan-An qui gardent l'entrée de la rivière de Hué : la *Vipère* et le *Lynx* appareillent pour remonter vers la capitale : l'Annam capitule. Enfin un résultat décisif était atteint, le traité de Hué réglait définitivement le statut de la France en Indochine. Nous serions représentés à Hué par un résident, entouré d'une escorte et qui serait chargé des relations extérieures de l'Empire protégé ; au Tonkin nous aurions, dans les principales villes, des garnisons et des résidents chargés de contrôler l'administration.

A la fin de la même année 1883, l'amiral Courbet s'emparait de Sontay à la tête d'un corps expéditionnaire de 9 000 hommes. Les officiers de l'armée de terre, jaloux d'être placés sous les ordres d'un amiral, firent confier le commandement au général Millot. Sous l'autorité de celui-ci, Brière de L'Isle et de Négrier s'emparèrent au printemps de 1884 de Bac-Ninh et de Hong-Hoa. Le 1er juin nos troupes avaient atteint Tuyen-Quan.

La question la plus difficile à régler était celle de nos relations avec la Chine. Des négociations favorables s'engagèrent avec Li-Hung-Chang, vice-roi du Petchili, mais celui-ci s'engagea au delà de ses pouvoirs en affirmant que les troupes chinoises auraient évacué tout le Tonkin entre le 6 et le 26 juin.

Confiante dans cette promesse, une colonne française en marche sur Langson se heurta le 23 juin à Bac-Lé aux avant-postes chinois ; ce fut peut-être une méprise, mais l'opinion française, émue de cet échec, l'interpréta comme un guet-apens. La guerre avec la Chine fut la conséquence de cet incident ; on sait de quelle façon magistrale Courbet conduisit les opérations.

La paix obtenue par nos victoires navales et par le *blocus du riz* allait être signée, lorsque se produisit le fâcheux incident de Langson. Une brigade commandée par le général de Négrier, après avoir soutenu un violent combat de surprise

où le général fut blessé, opéra, sous la direction
du chef d'état-major, une retraite trop précipitée
qui eut pour conséquence le repliement de toutes
nos troupes à la tête du Delta.

La nouvelle, connue en France le 30 mars,
entraîna la chute du ministère, mais Jules Ferry,
avec un parfait sang-froid, fit signer le 4 avril les
préliminaires de paix sur les bases précédemment
obtenues : évacuation du Tonkin par les troupes
chinoises, abandon par la Chine de toutes ses prétentions à une suzeraineté sur l'Annam. Le 9 juin,
le traité devenait définitif.

Une tâche bien lourde incombait encore à nos
officiers : la pacification et l'organisation du pays.
Elle fut accomplie avec une habileté politique,
avec une ténacité, une méthode qui font le plus
grand honneur au chef illustre qui en assuma la
responsabilité : Galliéni. Déjà formé par son apprentissage au Soudan, Galliéni appliqua avec
hardiesse ses doctrines sur le rôle colonial de l'armée. Tous les officiers et chefs de postes sous ses
ordres se firent administrateurs, créateurs de
marchés, constructeurs de ports et de routes, bâ-
tisseurs de villes. L'action politique préparait toujours l'action militaire si celle-ci était indispensable, et le plus souvent la rendait inutile. Les
lettres de Lyautey et un petit livre du capitaine
de Grandmaison, *En territoire militaire*, ont fait
connaître au grand public avec quel élan joyeux,
quelle spontanéité dans les mille formes quoti-
diennes d'un inlassable dévouement, tous les collaborateurs de Galliéni, du plus élevé au plus humble,

comprirent et exécutèrent la mission pacificatrice de la France.

L'action diplomatique complétait nos avantages et élargissait le rayon de leur autorité : à la suite de difficultés avec le Siam, pendant l'été de 1893, la propriété de la rive gauche du Mékong nous fut reconnue par cette puissance, et le traité du 23 mars 1907 institua au Cambodge les provinces de Battambang, Siemréap et Sisophon.

L'unité territoriale de notre groupe de colonies asiatiques était accomplie. Administrées suivant des formules diverses (protectorats ou administration directe), leur histoire n'est plus depuis vingt ans que celle des progrès de cette administration et surtout celle du labeur accompli par les capitaux, les colons et les techniciens français, pour tirer de cette terre féconde les inépuisables richesses qu'elle contient.

CHAPITRE XIV

II. *L'Indochine. Étude économique.*

Au point de vue de leurs relations économiques avec la France, nos colonies peuvent être classées en deux groupes, celles dont la proximité permet avec la mère patrie des transports rapides et faciles et dont le rôle sera en conséquence de nous approvisionner en matières premières, et, d'autre part, celles que leur éloignement condamne à n'adresser à la métropole que la moindre part de leur production, et seulement les produits qui peuvent supporter les frais et les risques de longs voyages.

Faut-il sacrifier les secondes aux premières?

Ce serait faire preuve de bien courtes vues ; notre politique économique coloniale doit chercher une formule de conciliation entre les méthodes opposées suivies dans le passé par deux grands peuples : l'Espagne et l'Angleterre. L'Espagne du seizième et du dix-septième siècles exploitait ses colonies comme des mines, à son seul profit, sans rien leur donner en échange, sans se préoccuper de leur propre développement ni de leur avenir.

L'Angleterre, au contraire, a envoyé à travers le monde, au dix-neuvième siècle, des essaims de colons qui ont constitué des organismes devenus peu à peu indépendants de la métropole ou qui tendent de plus en plus à le devenir.

Entre ces deux conceptions se place celle de la France : nous tenons à unir le plus étroitement possible nos colonies à la mère patrie, à garder leur place à notre foyer ; si certaines d'entre elles sont trop éloignées pour que nous puissions leur demander de satisfaire largement à nos besoins, nous devons les aider cependant à augmenter, par tous les moyens, leurs propres richesses, à établir une balance commerciale aussi avantageuse que possible, et leur concours ne sera pas, de ce fait, moins précieux pour nous : il se produira sous la forme de numéraire et contribuera utilement à défendre notre situation dans le monde.

Tel est le rôle dévolu à l'Indochine dans l'ensemble de l'activité économique française par suite de la distance qui nous sépare d'elle, et la contraint, en raison du prix élevé du fret et de la durée du trajet, à ne nous expédier que des produits non périssables, et d'une valeur assez élevée, double sélection qui limite, par force, nos échanges commerciaux.

Nous allons donc ici étudier d'abord les richesses présentes et les possibilités de l'Indochine sans nous préoccuper de ses relations commerciales avec la métropole, nous réservant d'examiner le problème de ces relations à la fin de notre exposé.

*
* *

L'Indochine offre à la fois des ressources agricoles et des possibilités industrielles aussi abondantes que variées : l'agriculture trouve ses champs d'exploitation les plus vastes en Cochinchine, tandis que le Tonkin s'est révélé peu à peu comme destiné à devenir l'un des centres industriels et miniers les plus importants de l'Extrême-Orient.

Pendant longtemps, l'Indochine a été considérée comme un pays prédestiné par la nature à ne fournir qu'une seule culture, le riz. Le voyageur qui parcourt l'Extrême-Orient où cette céréale forme la base de l'alimentation humaine, voit au Japon, aux Philippines, les rizières s'étager sur les pentes des montagnes, utiliser, grâce à la patience industrieuse des habitants, les moindres places qu'un sort avare semble avoir parcimonieusement mesurées. Le paysage, avec ses gradins artificiels, a été composé, signé par la main de l'homme. En Indochine, au contraire, dans les vastes plaines des deltas, ce sont les saisons qui règlent de leur jeu alterné l'aspect du pays : tantôt c'est un vaste lac parcouru par le vol des aigrettes ou des crabiers, tantôt c'est un tapis formé de l'herbe la plus fine et la plus fraîche. La rizière s'étend à l'infini et dans ce paysage aux lignes horizontales que rien ne coupe, la présence de l'homme ne se rappelle à nous que par quelques villages cachés derrière des rideaux de bambous.

Ces deux deltas, qui s'étalent si pareils aux deux extrémités de la chaîne des monts d'Annam, font sur les visiteurs de passage une impression si forte qu'il se rappellera toujours l'Indochine comme deux sacs de riz, les deltas du fleuve Rouge et du Mékong, portés par un Annamite aux extrémités d'une perche de bambou.

Comme le riz entre dans le budget d'une famille annamite pour près de 85 pour 100 des dépenses et représente actuellement pour plus d'un milliard et demi de francs d'exportations par an, la nécessité apparut vite d'améliorer et d'étendre à la fois cette culture, et bien qu'il reste encore à cet égard d'immenses progrès à faire, il faut reconnaître que notre administration n'a pas manqué à cette double tâche.

Le riz et l'eau vivent ensemble, mais il faut établir entre eux un juste équilibre. Parfois l'eau est trop abondante, tel est surtout le cas de la Cochinchine, alors il est nécessaire de créer tout un réseau de dragages, en vue d'assécher certaines régions. A cet égard, l'effort déjà réalisé a été considérable. Le système de canaux ouverts dans le delta cochinchinois représente 2 600 kilomètres et un volume de terre remuée de 120 millions de mètres cubes. Les bras par lesquels le Mékong se divise avant de se jeter dans la mer laissent entre eux de vastes marécages, et la différence de niveau est si faible que l'on passe insensiblement de la terre ferme à la boue et de la boue à la mer. Tous les stades d'un pays façonné, apporté par un fleuve, se présentent donc en Cochin-

chine. Les énormes travaux d'aménagement nécessaires exigent une technique toute spéciale ; dans
l'ensemble cette œuvre à la fois si délicate et si
vaste a été menée à bien.

Certains faits absolument inattendus viennent
d'ailleurs parfois compliquer cette tâche difficile,
et je veux en citer en passant un exemple assez
curieux : dans une exposition de Saïgon, les Ja-
ponais avaient décoré leur section avec une plante
de marécages, le glaïeul bleu, désigné en annamite
sous le nom de loc-binh. Or, le loc-binh a trouvé
en Cochinchine des conditions d'habitation si
favorables qu'en quelques années il a envahi tout
le pays au point d'empêcher la circulation dans les
canaux et de nécessiter de véritables dragages
spéciaux. Le danger est d'ailleurs actuellement
conjuré, mais il importe cependant de soutenir
la lutte avec vigilance contre ce nouvel habitant
imprévu de notre colonie.

Le Tonkin exige des travaux hydrauliques tout
différents. Bien que les inondations y fassent souvent des ravages — l'année dernière encore les
dégâts ont été considérables — c'est au contraire d'un système d'irrigation qu'il faut doter
certaines provinces, et les résultats ont été parfois merveilleux. De puissantes stations de pompage sont venues se substituer à ces énormes
norias dont les échafaudages grêles et hardis rap-
pellent les célèbres roues établies en Syrie sur
l'Oronte.

Ces travaux ont été entrepris à Kep en 1902,
au Vinh-Yen en 1914, et le long du Song-Cau

en 1921 (ces derniers travaux ne sont pas encore terminés).

Les travaux de Kep ont permis d'irriguer 7 500 hectares. Leur prix de revient s'est établi à 90 piastres par hectare irrigué. La valeur des anciennes rizières est passée de 100 à 500 piastres à l'hectare, celle des anciennes friches transformées en rizières de 6 à 200 piastres par hectare.

Le barrage établi à Lien-Son sur le Pho-Day a permis d'irriguer 17 000 hectares. Le prix de revient a été de 73 piastres par hectare. La plus-value déjà obtenue à l'hectare, depuis 1923, date de la fin des travaux, est de 50 piastres.

Les travaux du Song-Cau (en achèvement) assureront deux récoltes de riz sur une superficie nouvelle de 33 800 hectares.

Quand, en dehors des travaux en cours, l'ensemble des travaux à l'étude ou en projet aura été exécuté, dans un délai d'une quinzaine d'années, le total de la superficie des rizières indochinoises se trouvera augmenté de 2 500 000 hectares ; elles prendront une plus-value foncière supérieure à 10 milliards de francs et les exportations de riz indochinois progresseront d'environ un million de tonnes par an. A ce moment, l'Indochine disputera de près à la Birmanie la première place parmi les pays exportateurs de riz, elle la lui enlèvera peut-être.

Mais il ne suffit pas d'augmenter les surfaces cultivées ; ce qu'il faut rechercher également c'est l'amélioration du rendement. Un hectare de riz, suivant la sélection des grains, l'emploi des engrais, les conditions de culture, peut rapporter des quantités de riz qui varient dans des proportions incroyables.

Le rendement moyen des riz indochinois est de 1 200 kilos à l'hectare. Or, il est intéressant de signaler qu'un marchand annamite de Tra-Ninh, ayant acheté des lampes américaines, découvrit dans la paille de riz qui les emballait des graines d'une qualité qui lui parut excellente. Il les sema et la seconde récolte lui donna un rendement de 6 900 kilos à l'hectare.

Il existe à l'heure actuelle en Cochinchine plus de mille variétés de riz ; deux d'entre elles, le Hué-Ky (riz américain) et le Ramay, paraissent entre toutes s'imposer, comme l'a écrit le docteur Copeland, expert fameux, ancien chef du collège d'agriculture à l'Université des Philippines.

Afin d'établir quelles sont les meilleures variétés, au double point de vue du rendement et de la qualité, l'administration indochinoise a poursuivi de nombreux et méritoires efforts : un laboratoire de génétique a été installé il y a une dizaine d'années près du jardin botanique de Saïgon. En outre, une station centrale du riz a été créée à Cantho qui a pu distribuer, en 1923, 80 tonnes de semences sélectionnées. Un jardin d'essai a été fondé à Phu-My, des stations locales à Cauké, Phimg-Hiep, Soctrang, deux autres stations au Tonkin. Des commissions régionales instituées en 1923 examinent chaque année des milliers de lots de riz présentés au concours par les agriculteurs, s'efforcent de déterminer les avantages comparatifs des diverses variétés, et initient même les enfants des écoles au triage des espèces les plus belles et les plus productives.

Mais, si remarquables que soient les efforts accomplis par l'administration dans cette voie, nous nous trouvons à cet égard en présence de la résistance passive des agriculteurs annamites qui, tout en constituant certainement la partie de la nation la plus travailleuse et souvent la plus intelligente, n'en ont pas moins la routine paysanne et même la superstition de leurs vieilles méthodes. Aussi, les rendements en Cochinchine demeurent-ils singulièrement faibles, et c'est certainement à cet égard que les plus gros efforts sont encore à poursuivre.

Alors, en effet, que la culture du riz donne en Espagne un rendement moyen de 6 400 kilos à l'hectare, atteint 4 000 kilos en Italie et 2 400 kilos aux États-Unis, alors qu'aux Indes, pays de cultures pauvres et maladroites, elle permet de récolter 1 500 kilos à l'hectare, les Annamites n'obtiennent en Indochine qu'un rendement moyen de 1 200 kilos à l'hectare. Cette comparaison nous montre dans quelle voie nous devons particulièrement porter nos efforts.

Il faudrait aussi que notre riz indochinois fût amélioré dans sa qualité, c'est-à-dire dans sa valeur marchande et, sans doute, pourrait-il intervenir alors dans une proportion plus grande sur le marché métropolitain. Souhaitons donc que ces progrès soient rapidement réalisés, dans l'intérêt du développement de nos relations avec l'Indochine, afin que le Français donne dans son alimentation une part plus grande à cette précieuse céréale qui est loin de posséder chez nous la place qu'elle occupe à juste titre dans la vie de 700 millions d'hommes.

Mais aujourd'hui la Cochinchine n'est plus, au point de vue agricole, ce pays de monoculture dont nous parlions plus haut. Nous avons pénétré peu à peu dans la forêt que l'Annamite redoute, dans laquelle il ne s'enfonce pas volontiers, qu'il avait même peu à peu abandonnée, laissant la jungle enserrer et ruiner d'immenses villes, dont il avait perdu jusqu'au souvenir, pour venir mener sa petite vie misérable et bornée dans le delta lui-même.

Or, nous avons découvert, dans cet arrière-pays, grâce aux terres grises et surtout aux célèbres *terres rouges* qui traversent la Cochinchine du sud au nord en écharpe, s'élargissant peu à peu lorsque l'on approche du Mékong, une zone offrant des ressources agricoles remarquables. Les *terres rouges*, constituées par des produits volcaniques altérés et décomposés, riches en humus, en sels de fer, en phosphate, forment une nappe d'une exceptionnelle puissance, dépassant parfois 60 mètres d'épaisseur. Elles offrent à certaines cultures un terrain idéal, non seulement grâce à leurs propriétés chimiques, mais aussi à leur grande porosité qui permet les échanges des racines avec l'air.

Le caoutchouc a trouvé, dans ces terres, les conditions de croissance les plus favorables.

Au surplus, et contrairement aux objections qui me furent faites autrefois, la demi-saison sèche qui règne en Cochinchine n'est pas funeste aux hévéas ; elle leur permet au contraire d'éviter certaines maladies d'origine cryptogamique dont ils souffrent à Java. Aussi, les plantations d'hévéas de Cochinchine excitent-elles l'admiration des planteurs des Straits ou de Java.

Les plantations en rapport actuellement recouvrent encore, sans doute, une faible surface, et leur production de 10 000 tonnes correspond à peine au cinquième des besoins de la France. Il est bon cependant de noter que les exportations de caoutchouc représentent déjà pour l'Indochine, en valeur, le dixième des exportations du riz.

Depuis quelques années, un très sérieux effort, qui s'intensifie d'ailleurs chaque jour, tend à réparer le temps perdu, et il est à souhaiter qu'aucune intervention politique ne vienne l'entraver ou le décourager, au moment où l'Indochine se met peu à peu en mesure d'affranchir la France de ses achats de caoutchouc à l'étranger.

Les terres rouges ont été jusqu'à présent consacrées à la culture du caoutchouc, mais il importe de ne pas s'en tenir là et, dans les régions où il sera possible de pratiquer une demi-irrigation, la canne à sucre donnera très probablement des rendements qui rivaliseront avec ceux réalisés actuellement aux îles Hawaï. Les cannes indigènes montraient d'ailleurs par leur vigueur, et surtout par leur forte teneur en sucre, les possibilités de cette culture en Cochinchine, et les produits que présentent les sucreries et les plantations dirigées aujourd'hui par des Européens, attestent l'excellence de ces cannes.

Parmi les autres principales richesses agricoles de l'Indochine, il y a lieu de signaler le maïs, dont il a été exporté en 1926 près de 65 000 tonnes, valant un peu plus de 32 millions ; le coprah dont les exportations se sont élevées la même année à 11 342 tonnes, valant 20 millions de francs.

Certaines des matières premières utilisées par les industries textiles peuvent être produites en Indochine dans des conditions particulièrement favorables. La soie, dont l'Asie a appris l'usage au reste du monde et dont le prix est si élevé, sous un petit volume, qu'elle pourrait, a-t-on dit, voyager en cabine de luxe, est le type même de ces produits qu'une métropole peut demander à une colonie lointaine.

La sériciculture paraît avoir été introduite en Indochine par les Chinois au dixième siècle de notre ère. Le pays s'y prête admirablement ; le mûrier pousse presque partout d'une façon parfaite, en particulier le long des rivières dans les sols frais et les terrains d'alluvions. Il existe dans le pays diverses races de vers bien adaptées au climat, qui peuvent donner de sept à douze éducations dans le cours d'une année, et jusqu'à seize ou dix-huit au Cambodge. Enfin, on rencontre au Tonkin, en Annam et en Cochinchine, une main-d'œuvre abondante, familiarisée avec les opérations successives que nécessite la pratique de cet élevage et de cette industrie.

Cependant, jusqu'à la fin du dix-neuvième siècle, la production semble être demeurée fort médiocre.

Depuis lors, entreprises privées et administration ont accompli les efforts les plus variés et les plus tenaces pour développer la production. Les mesures administratives, les seules dont nous devions parler ici, ont poursuivi un triple objet : favoriser la culture du mûrier, développer l'élevage des vers à soie, encourager la filature sur place. Exemptions d'impôts, concessions, créations de stations de grainage et de magnaneraies modèles, primes à la production et à l'exportation, encouragements à l'apprentissage, tous les moyens ont été employés de front : les résultats ne sont pas encore très importants ; mais ils sont pleins de promesse pour l'avenir : en 1926, l'Indochine a exporté sur la France 1 075 quintaux de soie et de bourres de soie valant 16 millions et demi de francs contre 778 quintaux valant 10 millions en 1924. L'industrie du tissage a fait de grands progrès, particulièrement en Annam ; les filatures locales commencent à produire des tissus d'une grande beauté, très appréciés sur le marché français. Ces exportations de tissus de soie sur la France ont dépassé, en 1926, 25 000 quintaux métriques (contre 19 279 en 1924), représentant une valeur voisine de 13 millions de francs (contre 6 millions et demi il y a deux ans).

Nous avons eu maintes fois, au cours de cette étude, l'occasion d'insister sur l'importance que présente la culture du coton dans les colonies françaises. Plusieurs des régions qui forment l'Union indochinoise : les rives du Mékong au Cambodge, les deltas du fleuve Rouge et du Mékong, se prêtent à cette culture. D'ailleurs, un des meilleurs cotons des Indes s'appelle d'un nom qui dénote bien son origine, le *Cambodia* : cette variété a donné dans la région de Madras des rendements variant de 500 à 900 kilos à l'hectare. Toutefois, en Indochine, pour développer cette culture d'une façon véritablement industrielle, il conviendrait d'entreprendre de très considérables travaux de digues le long du Mékong (et en certains cas, perpendiculairement au fleuve, pour mettre les cultures à l'abri des inondations). Ce n'est pas en effet dans la région des Terres Rouges, où le défrichement de la jungle entraîne des frais d'établissement très élevés, où la proximité de la forêt permet à de multiples insectes parasites d'attaquer les cotonniers, qu'il convient de chercher des terrains pour de grandes exploitations.

Un long et patient effort devrait être également poursuivi par les Européens (administration et planteurs) pour instruire les indigènes, et les essais entrepris en participation avec eux ont montré toute la difficulté de cette éducation.

D'ailleurs, la production indigène ne saurait, suivant toute vraisemblance, même le jour où son rendement serait multiplié, apporter un appoint véritablement important à l'industrie textile métropolitaine. Un débouché plus proche lui serait assuré par les filatures et les tissages installés en Cochinchine et au Tonkin, qui peuvent légitimement aspirer à satisfaire une partie des besoins si élevés de la population indigène.

Au surplus, deux chiffres résument nettement la question : alors que l'Indochine a exporté seulement sur la France, en 1926, 214 quintaux de coton en laine, valant 98 000 francs, elle a importé près de 108 000 quintaux de tissus de coton valant près de 446 millions de francs.

Il est un autre textile, le jute, dont la région de Calcutta possède aujourd'hui presque entièrement le monopole de production. Des essais de cette culture ont été tentés en Annam et en Cochinchine ; ils ne semblent rencontrer aucune difficulté insurmontable d'ordre physique ou climatérique, mais cette culture est particulièrement pénible ; elle exige, spécialement au moment du rouissage des fibres, dans les mares ou en eau courante, des efforts physiques et des tours de main qu'il sera très difficile d'obtenir d'indigènes non spécialisés dans ces travaux depuis des générations, comme le sont, aux Indes, certaines castes.

Les cultures qu'il convient de développer le plus activement en Indochine sont les cultures riches, celles qui, sous le moindre volume, atteignent les prix les plus élevés sur les marchés européens, telles que le thé, le café, les plantes à parfums, les plantes médicinales.

Sur 7 581 tonnes de thé que la France a achetées à l'étranger en 1926, pour une valeur totale voisine de 36 millions de francs, les thés de l'Indochine ne représentent encore que 352 tonnes, valant un peu plus de 4 millions. L'Indochine elle-même importe plus de thé qu'elle n'en vend à l'étranger (2 536 tonnes l'an passé, valant plus de 38 millions). Dans ces conditions, il est facile de voir l'intérêt que présentent les plantations de thé en Indochine. Elles rencontrent particulièrement en Annam et au Tonkin des conditions de terrain et de climat qui leur conviennent d'une façon parfaite. Des essais poursuivis à la station expérimentale de Thanh-Ba, puis dans la province de Phu-Tho, permettent l'espoir d'améliorer assez facilement la qualité des thés indigènes. Les sociétés qui ont entrepris récemment de développer ces plantations en Indochine doivent certes lutter contre une concurrence redoutable, mais elles sont en droit d'attendre, comme prix de leurs efforts, des résultats aussi brillants que ceux obtenus à Ceylan et à Java par des planteurs étrangers.

Si la Cochinchine et l'Annam ne se prêtent qu'imparfaitement à la culture du caféier, par contre le Tonkin peut être considéré comme une région très favorable à cette culture. Elle est relativement ancienne dans cette province. Les premiers essais remontent à 1889 ; près de 4 500 hectares y sont aujourd'hui consacrés spécialement dans les régions de Tuyen-Quan, de Ninh-Binh et de Dong-Trieu. Le rendement par pied n'est pas encore très élevé, mais la qualité des cafés du Tonkin est très appréciée sur le marché du Havre. Les exportations sur la France ont atteint près de 600 tonnes en 1925, pour un prix voisin de 7 millions de francs.

Nous devons donner une mention spéciale aux plantes médicinales et aux plantes à parfums. On sait comment les Hollandais, après avoir développé aux Indes néerlandaises leurs plantations de quinquina, sont arrivés à obtenir le contrôle du marché mondial de la quinine. Ce monopole, jalousement gardé (n'a-t-on pas vu des maisons hollandaises imposer à leurs clients français l'engagement de ne participer à aucune tentative de plantation?), doit-il être éternellement subi par toutes les nations européennes?

Nous verrions peut-être alors, en cas de conflit, se reproduire le danger qui a menacé, pendant la grande guerre, les armées de l'Entente, quand celles-ci ont été à la veille de manquer de quinine. Cette sévère leçon peut-elle être oubliée? Quelques Français ont jugé utile de tenter à tout le moins un essai de défense contre cette hégémonie hollandaise. Ils ont introduit en Indochine la culture du quinquina, mais les essais entrepris, pour si favorables qu'ils apparaissent dès maintenant, n'ont pas encore fourni une production qui puisse être notée dans les statistiques.

Même observation pour le pavot que pour la quinine; la plupart des médications calmantes sont à base d'opium. La France peut et doit s'affranchir de l'étranger pour ce produit si précieux : sa grande colonie d'Asie lui en offre les moyens, alors qu'elle est loin de pourvoir à ses propres besoins, et qu'elle importe chaque année pour des millions de francs d'opium des Indes.

Enfin, il est une grande industrie française, la

parfumerie, dont les exportations dépassent cette année un milliard de francs. Pour les matières premières qu'utilise cette industrie, essences de fleurs dont le prix est si élevé sous un petit volume, l'Indochine offre un magnifique champ d'action.

Elle produit naturellement le benjoin, la cassie, le myrte, le giroflier, le patchouly, la badiane (ou anis étoilé), et surtout le camphrier (dont le Japon contrôle le marché). Le basilic, l'ylang-ylang, de nombreuses graminées, le lemon grass, la citronnelle, peuvent être plantés ou semés par les colons comme cultures intercalaires, et ils y trouveront une source assurée de très appréciables profits.

Les exportations sur la France d'essences végétales indochinoises se sont chiffrées en 1926 par une valeur voisine de 6 millions de francs.

Mais si remarquables qu'aient été les progrès réalisés en Cochinchine et au Cambodge au point de vue agricole, le Tonkin a subi une transformation bien plus profonde encore. On ne reconnaît plus, dans ce pays bien aménagé, dans ces villes actives comme Haïphong ou Nam-Dinh, bien construites, ayant un air de capitales comme Hanoï, cette misérable contrée dont la population. était naguère périodiquement décimée par la famine, pillée par les Chinois, qui lui laissaient à peine de quoi ne pas mourir de faim, ou spoliée par les mandarins venant de l'Annam.

La principale raison de ces progrès rapides est

due à ce que le Tonkin, non seulement est recouvert de vastes plantations de riz, mais surtout qu'il dispose largement du nerf de toute industrie, de magnifiques gisements de charbon. Un bassin houiller renfermant des bancs d'une rare puissance s'étend en effet sur une grande partie de l'ouest du Tonkin, et grâce à des affleurements qui apparaissent juste au bord de la mer, en face de la célèbre baie d'Along, il a été possible d'exploiter le charbon à ciel ouvert, à côté d'un quai de chargement, dans des conditions peut-être uniques au monde.

En dépit de ces circonstances si rares, l'exploitation des charbonnages ne s'est développée que peu à peu, mais le temps perdu est actuellement rapidement rattrapé. Dans la région de Dong-Trieu, l'on exploite la même couche charbonnière avec des descenderies et des puits. Des chantiers s'ouvrent à Maoké, à Phan-Mé, où les gisements présentent la particularité de renfermer du charbon mi-gras, à flamme assez longue, alors que toutes les autres mines exploitent de l'anthracite de première qualité, mais qui se classe parmi les qualités maigres.

A côté du charbon, il faut citer, dans l'un des paysages filoniens les plus curieux du monde, aux environs du lac Babé, des gisements de carbonate de zinc ou de calamine, d'une exploitation facile, d'une teneur élevée, qui se révèlent pour ainsi dire inépuisables. Ce minerai, après un grillage, était expédié naguère en majeure partie au Japon, parfois en France. Une puissante société vient de créer la métallurgie du zinc au Tonkin, à Quang-Yen, sur le bord de la mer, et elle a réussi à trouver sur place d'excellentes terres réfractaires, qui jouent, on le sait, un grand rôle dans la fabrication du zinc.

Il est intéressant de signaler aussi que l'on trouve au Tonkin l'étain et le tungstène, et que ces derniers minerais sont traités par une usine électro-métallurgique empruntant sa force à la houille blanche, tentative hardie qui, espérons-le, sera prochainement suivie par l'aménagement d'autres chutes d'eau, car la Rivière Noire et l'émissaire du lac Babé, dont nous parlions plus haut, semblent présenter des conditions particulièrement favorables à l'établissement de conduites forcées.

Il faut citer aussi au Tonkin de nombreuses lentilles de phosphates, rationnellement exploitées ; ce phosphate est broyé dans une importante usine à Haïphong, et grâce à une propagande patiente et adroite, son emploi se généralise de plus en plus pour la culture du riz, ce qui contribuera beaucoup à améliorer les faibles rendements à l'hectare dont nous parlions plus haut.

En dehors de l'industrie minière, bien d'autres industries ont été créées au Tonkin, depuis quelques années : l'industrie électrique qui distribue à la fois l'éclairage et la force aux villes d'Hanoï et d'Haïphong, l'industrie chimique représentée à Haïphong par une puissante usine qui produit, par l'électrolyse du sel marin, la soude, l'eau de Javel, l'acide chlorhydrique et le chlorure de chaux. Grâce à ces produits chimiques, bien d'autres

industries annexes ont pu se développer. Une verrerie bien outillée fabrique plus de 5 millions de
bouteilles et de 500 000 mètres carrés de verres à
vitre chaque année. Une puissante cimenterie, des
ateliers maritimes, plusieurs rizeries, une huilerie-
savonnerie sont aussi installés à Haïphong.
Hanoï possède une grande distillerie, une manufacture de tabacs, une tannerie, plusieurs briqueteries et une fabrique de porcelaine.

Enfin, nous sommes, en Indochine, en présence
d'un peuple cultivé, qui a la passion de l'étude et
de la lecture, et il est bon de signaler ici que, dans
la province même d'Hanoï, a été réalisée, par une
chaîne d'affaires étroitement liées, ce que j'appellerai la papeterie intégrale. Le bambou est transformé en pâte à papier, puis en papier, puis envoyé à une imprimerie installée de la façon la
plus moderne. Celle-ci édite tous les ans un grand
nombre de volumes illustrés, qui peuvent rivaliser comme présentation, comme qualité d'impression, et comme gravure, avec les plus belles
éditions françaises.

Il est intéressant de signaler, qu'à côté de cette
industrie européenne, continue à exister aux environs d'Hanoï un village, consacré uniquement à la
fabrication des papiers indigènes, connu sous le
nom de « Village du papier », dont les procédés
antiques, nécessitant des qualités d'observation
empiriques et une adresse manuelle parfois extraordinaire, reproduisent presque exactement ceux
pratiqués par Tsaï-Loun, l'inventeur du papier au
deuxième siècle de l'ère chrétienne.

En un mot, le Tonkin possède à la fois une main-d'œuvre importante et facile à éduquer, des gisements de charbon inépuisables, de puissantes réserves de force hydraulique, un des bassins miniers les plus riches du monde. L'agriculture y est assez développée, nous l'avons vu, pour permettre des ravitaillements faciles. Il serait malaisé de trouver dans l'univers entier une région qui puisse grouper de plus belles possibilités d'avenir, si l'on considère surtout la place de ce pays à l'entrée d'un des plus beaux marchés du monde, la Chine.

Le jour où ce grand pays, fertile et riche lui aussi, cessera de s'agiter en vaines dissensions politiques, et reprendra ses mœurs paisibles et laborieuses, le Tonkin redeviendra pour la France la meilleure « base de départ » qu'une nation européenne puisse rêver pour jouer un rôle économique dans ce qui fut l'Empire du Milieu.

Mais la Cochinchine et le Tonkin ne sont pas toute l'Indochine ; le « ganh », le bâton porteur qui soutient les deux sacs de riz est une région montagneuse et boisée qui comprend le Laos et l'Annam.

Au Laos, la population ne paraît pas atteindre un million d'habitants, soit une densité voisine de trois habitants au kilomètre carré. Les Laotiens sont une race douce, intelligente, d'humeur volontiers voyageuse, qui mérite toute notre bienveillance. Mais ce n'est guère sur eux qu'il faut compter pour mettre un jour leur pays en valeur. La route et le chemin de fer seront nécessaires pour amener des coolies tonkinois, exploiter ou défricher la forêt, établir des cultures industrielles, ouvrir des mines. Tant que la ligne Thanap-Thakhek ne sera pas achevée, le Laos restera un pays fort intéressant pour les touristes curieux de sociologie, mais ne prendra pas dans la vie indochinoise la place qui, d'après certaines reconnaissances de prospecteurs, semble devoir lui revenir.

L'Annam, c'est une chaîne de montagnes sensiblement parallèle à la côte, et entre cette chaîne et la côte une série de casiers séparés par les hauteurs qui se ramifient en arêtes de poisson sur la chaîne principale. La population est relativement dense : trente habitants au kilomètre carré ; mais le relief montagneux du pays, en lui refusant l'unité physique, lui a refusé l'unité économique. L'achèvement du transindochinois, par la ligne côtière prévue, aurait, comme rançon des nombreux ouvrages d'art nécessaires, l'avantage de faire communiquer entre elles ces vallées perpendiculaires à la mer, qui s'ignorent entre elles jusqu'ici. La fameuse route mandarine qui traverse l'Annam, de bout en bout, sur 1 200 kilomètres, est encore la seule artère qui vivifie l'Annam. On songe à la doubler par la route coloniale nº 14, déjà amorcée, qui ouvrirait un accès à la riche région du Kontoum. Il est permis de penser qu'avec un effort financier de premier établissement un peu plus considérable, il serait préférable, au point de vue de l'exploitation ultérieure, de remplacer cette route nationale nº 14 par un chemin de fer. En France, nous sommes fiers, à juste titre, des routes que nous aimons à construire, mais il conviendrait peut-être de les établir comme affluents des chemins de fer, et non comme remplaçantes des chemins de fer. Pour les longs parcours, rien ne vaut le rail, n'approche de son débit, de sa facilité d'entretien. Des pays neufs : l'Argentine, le Siam, nous ont montré la bonne méthode. Dans ces régions, les, communications sont établies en arêtes de poisson : le rail forme l'épine dorsale, les routes les arêtes latérales. Nous pourrions peut-être nous inspirer de ces exemples.

En 1926, les récoltes de l'Annam ont en général marqué un progrès sensible sur l'année précédente : 1 256 402 tonnes de riz au lieu de 954 000 tonnes l'année précédente ; 34 000 tonnes de manioc contre 19 000 ; 54 000 tonnes de maïs contre 47 000 ; 20 000 tonnes de sucre, 6 000 tonnes d'arachides contre 3 000 ; 2 000 tonnes de thé (récoltées sur 12 000 hectares). On voit par ces chiffres le développement de l'agriculture en Annam. Si l'on ajoute que ce pays possède aussi de magnifiques forêts, on est en droit d'affirmer qu'il mérite largement les efforts d'outillage qui multiplieront son rendement économique.

Nous avons déjà parlé du Cambodge à propos du coton et de la soie ; nous devons ajouter que sa population, d'une densité faible (treize habitants au kilomètre carré), pratique sur terre l'élevage, et sur les grands lacs ou sur le fleuve, l'industrie de la pêche qui lui fournit la base de son alimentation. Il y aurait lieu de doter cette industrie d'engins modernes, et peut-être de créer en quelques points bien choisis des établissements outillés en vue d'utiliser les sous-produits de la pêche qui sont susceptibles d'emplois multiples après avoir été transformés.

**
*

Mais, pour assurer progressivement le plein développement de l'Indochine, il est nécessaire de la doter rapidement des moyens de transport et d'outillage qui lui font encore défaut.

Les routes en Indochine sont belles, et là comme ailleurs, elles font honneur aux services des travaux publics qui travaillent en liaison étroite avec les administrateurs des provinces, auxquels revient pour une très large part, le mérite du vaste réseau routier créé en Cochinchine, au Tonkin et en Annam.

Nous possédons en Indochine deux magnifiques artères fluviales : le Mékong et le Fleuve Rouge, dont la circulation pourrait être considérablement améliorée. Nous devons surtout nous arrêter ici sur les ensablements de plusieurs cours d'eau importants du Tonkin qui ne permettent plus aisément, par exemple, la circulation de Haïphong vers Hanoï et la partie moyenne du cours du Fleuve Rouge, privant ainsi le trafic de moyens de transport rapides et peu coûteux.

Toutefois, ces questions, si importantes qu'elles soient, apparaissent néanmoins comme secondaires, si nous les comparons à l'insuffisance totale du réseau de chemin de fer indochinois, aggravée encore par ce que nous croyons être une erreur de conception initiale. En effet, tout notre programme de chemins de fer a consisté, en Indochine, à relier Hanoï à Saïgon par une ligne côtière, dont trois tronçons ont été réalisés : au nord, Hanoï-Vinh, au centre, Dongha-Tourane, au sud, Nha-Trang-Saïgon. Or, cette ligne qui dessert tous les grands ports de l'Indochine se trouve doubler à peu près exactement les services assurés par les lignes maritimes régulières ou le cabotage. C'est là un chemin de fer de luxe qui devrait suivre les autres, car il ne met pas en valeur des régions nouvelles. Au point de vue stratégique, que l'on invoque souvent pour sa défense, cette ligne donne lieu aux plus expresses réserves, car selon toute évidence, en cas de conflit, rien ne serait plus aisé que de couper immédiatement, par une attaque de mer, toute circulation entre le nord et le sud de notre colonie.

Par contre, nous n'avons pas encore réalisé, en Annam et en Cochinchine, de chemin de fer de pénétration. Espérons que la ligne de Tanhap à Thakhek entrera bientôt dans la période de réalisation. Elle rendra évidemment d'immenses services, mais elle a le défaut toutefois de ne mettre en « perce » que la partie la moins étendue du Laos, qui n'est ni la plus peuplée, ni la plus riche.

Souhaitons qu'un autre chemin de fer de pénétration, étudié depuis longtemps et dont les projets sont établis, qui desservirait toute une région riche en plantations et pénétrerait dans une zone de terres rouges particulièrement fertile, rencontre enfin l'appui du gouvernement.

Enfin, une autre ligne, qui celle-là traverserait de part en part, en Cochinchine et au Cambodge, des régions particulièrement peuplées comme les provinces de Tay-Ninh (93 000 habitants), Prey-Ving (200 000 habitants), Pnom-Penh (77 500 habitants), Battambang (215 000 habitants), présenterait l'avantage de nous relier directement à la capitale du Siam, Bangkok ; nous établirions enfin avec ce pays riche et en plein développement, des relations commerciales qui demeurent actuellement absolument insuffisantes, car les bateaux qui relient Saïgon à Bangkok sont de faible tonnage et très peu réguliers.

Il est d'ailleurs, à cet égard, quelque peu humiliant de constater que le Siam a poussé activement la partie du chemin de fer qui lui incombe, alors que nous n'avons rien fait. L'organisation des chemins de fer au Siam doit être considérée d'ailleurs par nous, à bien des égards, comme un modèle.

Le réseau indochinois ne comporte actuellement que 1 610 kilomètres de rails, chiffre absolument insuffisant. Une magnifique impulsion lui avait été donnée par M. Doumer ; mais nous sommes demeurés ensuite singulièrement en arrière, et il est grand temps de nous ressaisir. L'exemple du succès financier de notre chemin de fer de pénétration dans le Yunnan devrait pousser les Travaux Publics à faire plus largement confiance à l'initiative privée, qui s'est trouvée à maintes reprises découragée.

Je ne veux pas d'ailleurs formuler ici d'inutiles critiques sur le passé. Il est désirable seulement que, d'une façon générale, l'administration des Travaux Publics, tout en conservant toutes ses prérogatives, en traçant elle-même un programme d'ordre d'urgence dans les travaux (attribution qui ne saurait appartenir à l'initiative privée), en établissant des cahiers des charges, etc., confie par contre l'exécution des travaux à des entreprises libres. Ils seront ainsi mieux réalisés et à meilleur compte.

Nous n'insistons pas sur les travaux d'aménagement des ports et notamment ceux de Haïphong et de Saïgon, ce qui nous entraînerait trop loin. La question du rail prime d'ailleurs toutes les autres.

Ces travaux, s'ils sont poursuivis méthodiquement sans obéir à d'autres considérations qu'à des fins strictement économiques, pourront, en quelques années, améliorer dans des proportions insoupçonnées les richesses de notre colonie ; mais si nous considérons sa balance commerciale, elle n'en est pas moins déjà des plus favorables. L'Indochine est le type de la colonie payante. Son budget, s'il était dégagé de certaines charges qui paraissent ou exagérées ou même inutiles, devrait refléter davantage la prospérité réelle du pays.

Cette prospérité s'est affirmée d'une façon très nette au cours de l'année 1925 (nous n'avons pas encore les statistiques définitives relatives à l'année 1926).

Le commerce général a atteint la somme de 5 675 millions contre 4 257 millions en 1924, soit une plus-value de 1 418 millions en un an, attestant un progrès de 33 pour 100.

Dans ce total, les importations s'élèvent à 2642 millions, les exportations à 3033 millions, l'excédent des exportations sur les importations est de 391 millions.

La comparaison entre les chiffres du commerce spécial et ceux du commerce général permet de constater que le commerce de transit de l'Indochine s'est élevé à 1439 millions. Une somme aussi élevée montre quel rôle joue l'Indochine comme marché de distribution dans tout l'Extrême-Orient.

Aux importations faites réellement à destination de la colonie (commerce spécial), la France tient la première place avec 953 millions de francs, contre 827 millions que se répartissent les fournisseurs étrangers. Aux exportations de la colonie vers le dehors, la France n'occupe que le deuxième rang avec 598 millions, après Hong-Kong qui conserve le premier rang par 657 millions. Toutefois les événements de Chine ont déterminé un fléchissement de 86 millions dans les exportations de l'Indochine sur le grand port chinois. Ensuite vient le Japon (352 millions), qui a bondi du cinquième rang au troisième en faisant un progrès de 243 millions en un an. Ce chiffre nous prouve avec quelle vigilance nous devons surveiller les progrès de l'expansion économique japonaise en Indochine. La Chine a acheté à l'Indochine 232 millions de marchandises, les Indes néerlandaises 178 millions, Singapore 175 millions, les Philippines 95 millions.

Ces statistiques attestent le rôle économique

spécial que joue l'Indochine en Extrême-Orient et que nous avons essayé de mettre en lumière au début de cette étude. Dans le total des exportations indochinoises, la France occupe une proportion de 24 pour 100, et une proportion de 29 pour 100 dans le total du commerce spécial de l'Indochine. C'est dire à la fois l'importance des liens qui relient la métropole à la colonie et le rôle capital que joue celle-ci en notre faveur au milieu des diverses nations du Pacifique pour créditer le compte de la France sur plusieurs dès plus importants marchés du monde.

Ce rôle capital que l'Indochine joue et peut jouer davantage encore dans l'amélioration de la situation financière française serait infiniment facilité s'il n'existait entre la colonie et la mère patrie une barrière monétaire qui met l'Indochine, vis-à-vis de nous, au rang des pays à change apprécié : nous voulons parler du régime de la piastre. Sauf pour quelques fonds qui sont arbitrés de piastres en francs, la prospérité indochinoise n'exerce aucune influence sur la balance commerciale française. Certes, nous nous réjouissons de voir les fonctionnaires, les officiers, les colons qui concourent à la prospérité, à la paix de l'Indochine dans une situation qui leur permet de réaliser d'appréciables économies. Mais, il n'en est pas moins vrai que ces fonctionnaires jouissent, en face de leurs camarades des autres colonies, d'avantages qui ne se justifient ni par le climat, ni par les conditions de la vie. A la Côte d'Ivoire, au Dahomey, au Gabon, dans l'Oubanghi, la vie est aussi pénible qu'à Saïgon ou à Haïphong : l'Européen y court autant de risques pour sa santé, plus peut-être : la maladie du sommeil n'existe pas en Indochine, la fièvre jaune y est plus rare qu'en Afrique, là aussi le dévouement des métropolitains est digne de récompense.

Certes, nous ne saurions à l'heure actuelle, dans la période d'instabilité monétaire que traverse la France, songer à tenter une réforme qui léserait bien des intérêts respectables et risquerait de compromettre le magnifique effort de l'Indochine. Mais le jour où le franc aura repris la première qualité que doit posséder une monnaie, c'est-à-dire la fixité, il deviendra nécessaire de stabiliser la piastre par rapport au franc et l'unité monétaire correspondra à l'unité de drapeau.

Tous les efforts qui ont assuré la paix et la prospérité en Indochine, doivent avoir pour consécration le rattachement le plus fort, le plus étroit possible de la plus riche, de la plus prospère de nos colonies à la vie économique nationale de la plus grande France.

CHAPITRE XV

Le mouvement de curiosité scientifique et désintéressée qui favorisa la reconnaissance du Pacifique peut être rattaché à la fondation de l'Académie des Sciences de Paris (1666) et de la Société royale de Londres (1670). Ce mouvement se développa au dix-huitième siècle ; nous en avons un témoignage dans le succès du livre du président de Brosses, *Histoire des navigations aux terres australes* (1756).

Après les renoncements du traité de Paris, l'opinion française se montra favorable aux voyages de découvertes dans le Pacifique : le 5 décembre 1766, Bougainville partit de Brest ; en mars 1768 il reconnut l'archipel Dangereux (îles Paumotou) ; en avril, il passa à Tahiti (la nouvelle Cythère) où Wallis était venu quelques semaines plus tôt ; un peu plus tard aux îles Samoa (archipel des Navigateurs), puis aux Nouvelles-Hébrides ; il ne chercha pas à s'approcher de la Nouvelle-Calédonie, dont il avait pressenti l'existence ; il arriva assez péniblement à la Nouvelle-Guinée, et de là revint, par Batavia et l'Ile de France, à Saint-Malo le 16 mars 1769 (1).

(1) Il mourut en 1808, vice-amiral et sénateur.

Parmi les autres expéditions françaises dans le Pacifique, il convient de mentionner les deux voyages de Kerguélen aux îles Australes (1771-1772 et 1773-1774) ; celui de Surville à la Nouvelle-Zélande en 1769 marqué par d'injustes cruautés, celui de Marion-Dufresne aux îles Crozet (massacré le 12 juin 1772 par les Néo-Zélandais).

Le plus illustre de ces voyages fut celui de La Pérouse. Parti de Brest en 1785 avec l'*Astrolabe* et la *Boussole*, La Pérouse exécuta des levés précieux de toutes les côtes occidentales de l'Amérique jusqu'à la Californie ; puis il gagna Macao, la mer du Japon, le Kamchatka (d'où un de ses compagnons rapporta en France le riche butin scientifique recueilli par lui jusque-là) ; il redescendit ensuite dans le Pacifique sud, passa aux Samoa, gagna l'Australie. Sa dernière lettre est datée du 7 février 1788. Depuis lors, on ne reçut plus de lui aucune nouvelle.

Le 29 septembre 1791 partirent à sa recherche, sous le commandement du contre-amiral Bruni d'Entrecasteaux, la *Recherche* et l'*Espérance*. De 1792 à 1793, cette mission visita la Nouvelle-Calédonie et les archipels voisins dont l'ingénieur hydrographe Beautemps-Beaupré établit des cartes précieuses. D'Entrecasteaux mourut en 1794 ; ses officiers, divisés par des querelles politiques, vendirent ses navires aux Hollandais de Batavia et il fallut attendre la fin de la Restauration pour que Dumont d'Urville retrouvât, à Vanikoro, les traces de la fin tragique de l'expédition de La Pérouse.

***

1° *La Nouvelle-Calédonie et ses dépendances.*

L'occupation de la Nouvelle-Calédonie date seulement du 24 septembre 1853. Elle fut amenée par divers événements qu'il est aisé de résumer en quelques mots.

Découverte par Cook en 1774, au cours du voyage de l'*Adventure* et de la *Résolution* (le cap Colnett porte le nom de la vigie qui aperçut la première cette terre), la Nouvelle-Calédonie avait été l'objet, sous la monarchie de Juillet et pendant les premières années du second Empire, de plusieurs tentatives françaises de colonisation : en 1843 l'évêque Douarre, débarqué à Balade par le commandant Jurien de la Gravière, se heurta à l'hostilité des indigènes, et sa tentative provoqua des protestations anglaises à la suite desquelles Jurien de la Gravière fut désavoué et fut envoyé un navire, la *Seine*, pour amener notre pavillon. Ce vaisseau fit naufrage et les officiers survivants allaient être massacrés, lorsqu'ils furent sauvés par la *Brillante* lancée à leur recherche (1847). Un officier de marine, nommé Marceau, fonda vers la même date la *Société de l'Océanie*, pour propager l'influence française, spécialement avec le concours des missionnaires de Mgr Douarre. Cette tentative échoua. En 1850, Napoléon III envoya le commandant d'Harcourt sur l'*Alcmène* explorer la côte orientale ; une partie de l'équipage ayant été massacrée par les anthropophages, le contre-amiral Febvrier-Despointes prit possession de l'île au nom de la France, le 24 septembre 1853, et gagna de vitesse le commodore Taylor qui désirait planter le pavillon britannique sur l'île des Pins. Il devint le premier gouverneur de ces îles. Celles-ci, rattachées d'abord aux *établissements français de l'Océanie*, devinrent par décret du 14 juillet 1860 une colonie nouvelle, bientôt agrandie (en 1864) par l'occupation des îles Loyalty.

Plusieurs révoltes des indigènes troublèrent les premières années de notre domination. La principale fut l'insurrection des Canaques en 1878, réprimée par l'amiral Olry.

Comme en Guyane, le second Empire voulut tenter en Nouvelle-Calédonie une colonisation au moyen de condamnés aux travaux forcés. La troisième République créa les peines de la déportation et de la relégation. Le bagne fut institué par décret du 2 septembre 1863 et les premiers forçats furent amenés en 1864 par l'*Iphigénie*. Leur nombre s'éleva jusqu'à près de sept mille en 1889 pour décroître, depuis lors, devant les faibles résultats obtenus par l'utilisation d'une main-d'œuvre aussi médiocre. Le dernier convoi dirigé sur la Nouvelle-Calédonie date de 1897, et diverses mesures administratives récentes permettent d'espérer que la colonie sera bientôt définitivement affranchie de tous vestiges des établissements pénitentiaires. Elle perdra ainsi le renom fâcheux que lui avait valu jadis dans la métropole sa destination administrative, et qui a si longtemps entravé son développement par la colonisation libre, la seule féconde.

Malheureusement, la population indigène a diminué rapidement elle aussi. De 42 000 âmes en 1887 elle est tombée à 27 000 en 1921. Une sorte de fatalité semble peser sur ces races primitives du Pacifique, au contact des peuples civilisés. Aux Hawaï, dans toute l'Océanie, elles semblent vouées à s'éteindre. Cette disparition pose pour la mise en valeur de toutes nos possessions du Pacifique, avec une acuité encore plus grande que dans toutes nos autres colonies, le problème de la main-d'œuvre. Où trouver ces travailleurs de plus en plus nécessaires? On a cherché à Java, aux Indes, en Chine, en Indochine. Certains avaient paru attendre beaucoup de l'Indochine. Ce groupe de colonies n'a cependant pas une densité de population comparable aux grands réservoirs d'hommes que nous venons de citer. Elle aussi connaît, pour ses grandes cultures industrielles en plein essor, le besoin de faire appel à la main-d'œuvre étrangère. Elle ne se refuse pas cependant à aider le développement des autres terres françaises du Pacifique, mais ce serait une dangereuse illusion que de compter sur elle pour remédier totalement à cette crise de main-d'œuvre.

Quand on parle de grouper sous la direction d'un haut fonctionnaire unique l'ensemble de nos établissements du Pacifique, on ne semble pas « réaliser » les distances énormes qui séparent entre eux ces établissements et la variété d'intérêts qui les sépare plus encore du fait de leurs voisinages plus immédiats. C'est à la politique générale du gouvernement central qu'il revient de régler l'impulsion des uns et des autres, en assurant la liaison de tous.

En face des redoutables éventualités que posent dans le Pacifique l'évolution du Japon, les aspirations des États-Unis, les velléités d'affranchissement que manifestent les Dominions britanniques, les dernières grandes manœuvres navales américaines paraissent vraiment être une répétition. Il importe certes de recueillir sur toutes les rives, toutes les terres de cet immense océan, le maximum de renseignements, mais c'est à Paris que peuvent seulement et doivent, par suite, être confrontées et utilisées toutes les informations capables d'orienter l'action de la France.

*
* *

Les produits agricoles de la Nouvelle-Calédonie, sans atteindre l'importance de ses richesses minières, sont loin d'être négligeables. Le coprah se place au premier rang ; il figure aux exportations de 1925 pour une somme de cinq millions et demi de francs ; viennent ensuite le café pour cinq millions, et le coton pour près de trois millions.

Le sol et le climat de cette île se prêtent aussi à la culture de la canne à sucre. Toutefois, avant de se déclarer en faveur de ces diverses cultures tropicales, il convient de noter que la pluie est assez abondante en Nouvelle-Calédonie : environ cent cinquante jours par an ; ce régime, favorable au cocotier, n'est peut-être pas aussi avantageux pour le cotonnier qui a besoin d'une saison nettement sèche au moment de l'éclosion de ses capsules.

L'élevage, par contre, peut être très largement développé, et l'administration l'encourage efficacement en concédant aux éleveurs des baux de longue durée à la condition de débrousser ou de clôturer les terrains de pâturage qui leur sont prêtés. Des usines de conserves ont été construites à Ouaco et à Muéo, leurs produits s'expédient en Australie, dans les îles du Pacifique, et même en Europe. Chacune de ces usines abat environ 3 000 têtes de bétail par an.

Si dignes d'intérêt que paraissent, dans la Nouvelle-Calédonie, les essais de petite colonisation poursuivis par l'administration, spécialement en faveur des jeunes gens du Nord, « les Nordistes », comme on les a appelés là-bas, — qui ont connu après de trop brillants espoirs au départ, quelques déceptions à l'arrivée, — il faut bien reconnaître que cette colonie, malgré la douceur relative de son climat, ne deviendra jamais, en raison de son éloignement de la métropole, une colonie de peuplement qui puisse attirer nos paysans au même titre que l'Algérie et le Maroc. Faut-il le souhaiter d'ailleurs, et n'est-ce pas d'abord en Afrique du Nord que nous avons besoin d'eux, pour des raisons politiques plus fortes encore que les raisons économiques ?

Parmi les affaires les plus vivantes et les plus prospères de la Nouvelle-Calédonie, il convient de citer une vaste entreprise française qui centralise une variété considérable d'opérations : commerce, métallurgie, armement, banque, etc..., et fait penser par l'ampleur de son activité aux Compagnies des Indes de jadis. Ce groupe a élevé à Nouméa des hauts fourneaux qui traitent entre 80 000 et 100 000 tonnes de minerai de nickel par an.

On sait que le nickel de la Nouvelle-Calédonie, découvert en 1863 par l'ingénieur Garnier, a fourni pendant longtemps 90 pour 100 de la quantité de ce métal consommée chaque année dans le monde. Aujourd'hui, à la suite de la mise en exploitation des ferro-nickels canadiens, cette part est tombée à environ 25 pour 100. La teneur moyenne du minerai exploité actuellement varie de 5 1/2 à 6 pour 100. Les gisements calédoniens reconnus sont très considérables et assurent aux usines de Nouméa une trentaine d'années, au minimum, de pleine activité.

A côté du puissant groupement auquel nous venons de faire allusion, une autre société plus ancienne a construit à Thio des hauts fourneaux qui traitent environ 30 000 tonnes de minerai de nickel par an. Cette dernière compagnie a eu le grand mérite d'introduire l'électro-métallurgie en Calédonie, en établissant à Yaté un puissant barrage, et en édifiant une usine hydro-électrique de 10 000 chevaux dont l'exécution fait grand honneur à ceux qui l'ont conçue. Cette usine est destinée à traiter un minerai de chrome, probablement le plus riche du monde, — puisque sa teneur dépasse 50 pour 100, — jusqu'ici exporté brut, en particulier sur l'Australie. Sa mise en marche paraît avoir été retardée toutefois par la nécessité d'améliorer les galeries destinées à lui fournir du minerai.

La Nouvelle-Calédonie possède en outre, à Moindou, un riche gisement de charbon anthraciteux, qui, mélangé avec un tiers de charbon gras australien, produit d'excellentes briquettes, précieuses pour les industries locales et pour la navigation.

Enfin, il faut citer encore des gisements intéressants de fer et de cobalt.

Ce rapide tour d'horizon montre toute la valeur de cette colonie lointaine, particulièrement bien partagée au point de vue minier, dont l'essor a été ralenti par la situation médiocre où s'est trouvé longtemps son budget local, mais qui se développe progressivement maintenant. Ce n'était point, certes là, la terre ingrate où la France devait se contenter de rejeter tous les indésirables, tous les déchets humains de la métropole.

2º *Les Nouvelles-Hébrides.*

Le 30 avril 1606, le navigateur espagnol Don Pedro Fernandez de Queiros, parti à la recherche du continent austral, découvrit une terre à laquelle il donnait le nom de *Terra Australis del Spiritu Santo.* C'était l'une des îles de l'archipel qu'aucun autre navigateur européen ne devait plus visiter pendant plus d'un siècle et demi. En 1767, seulement, Philippe Carteret y pénétrait et, l'année suivante, Bougainville prenait possession, au nom de la France, des îles Pentecôte, Aurore et Pic de l'Étoile, auxquelles il donnait le nom de grandes Cyclades.

L'archipel fut exploré par Cook, lors de son second voyage, en 1774, et reçut de lui son nom actuel de Nouvelles-Hébrides. La Pérouse, en 1788, d'Entrecasteaux, en 1793, Dumont d'Urville, en 1828, le visitèrent à leur tour.

Lorsque, en 1853, le pavillon français fut arboré sur la Nouvelle-Calédonie par le contre-amiral Febvrier-Despointes, le procès-verbal rédigé à l'occasion de cette prise de possession fit mention des dépendances de l'île, mais sans les désigner d'une façon précise.

La richesse des Nouvelles-Hébrides attire, à cette époque, de nombreux colons et traitants anglais. La situation de l'archipel oriente cependant de façon tellement évidente vers la Nouvelle-Calédonie le mouvement de ces échanges que les résidents anglais de Tanna réclament eux-mêmes, en 1875, l'annexion des îles à la France. Les commerçants calédoniens, groupés autour du plus actif et du plus clairvoyant d'entre eux, John Higginson, appuient de toutes leurs forces cette revendication en tous points conforme à leurs intérêts. Mais un mouvement d'opinion en sens contraire se dessine en Australie. L'annexion immédiate des Nouvelles-Hébrides à l'Angleterre est réclamée au cours d'un meeting tenu à Melbourne en 1877. Le gouvernement français, après demande d'explications à Londres, déclare, dans une note du 15 janvier 1878, qu'il n'a pas « le projet de porter atteinte à l'indépendance des Nouvelles-Hébrides », et le gouvernement britannique déclare que, de son côté, il est disposé à respecter l'indépendance des îles.

La création, sous l'impulsion de John Higginson, de la *Compagnie calédonienne des Nouvelles-Hébrides* qui assurait rapidement la prédominance de l'élément français, excitant l'envie des colons australiens, fit renaître leur esprit d'opposition. Sur leurs instances, des négociations furent ouvertes de nouveau, en 1885, entre Londres et Paris. Nous avions envoyé, au mois de mai de cette année, des troupes ayant pour mission de protéger nos nationaux contre les trop nombreux attentats dont ils étaient victimes, dans leurs personnes et dans leurs biens. La convention du 24 octobre 1887 nous imposa l'obligation de retirer nos troupes. Elle instituait une commission navale mixte « chargée de protéger les personnes et les biens des sujets français et britanniques dans les Nouvelles-Hébrides ».

Ce régime, même après que la convention du 20 octobre 1906 l'eut consolidé par l'établissement d'un système à peu près complet d'organisation administrative et judiciaire, qui établissait le *condominium*, ou souveraineté commune et indivisible de la France et de l'Angleterre sur l'archipel des Nouvelles-Hébrides, y compris les Banks et Torrès, n'a donné que de médiocres résultats, quant au développement économique de l'archipel. Ni la création des voies de communication indispensables, ni l'aménagement des ports et le balisage des côtes n'ont été poursuivis avec une activité suffisante. L'immatriculation des terres et le règlement des litiges fonciers s'effectuent avec une déplorable lenteur. Les colons français, qui sont de beaucoup les plus nombreux, se plaignent avec raison d'alimenter, pour la plus grosse part, le budget des services communs sans retirer de leur contribution aucun bénéfice appréciable.

Il apparaît clairement, en Angleterre et en Australie aussi bien qu'en France, que le régime du *Condominium* a fait faillite et qu'il importe d'établir sur des bases entièrement nouvelles le statut de ces territoires où les intérêts français, placés, en droit, sur un pied d'égalité avec les intérêts anglais, ont, en fait, une importance autrement considérable.

Au recensement de mai 1924, la situation comparative des deux nations était la suivante :

France		*Angleterre*	
Français...........	709	Sujets britanniques...	322
Ressortissants et sujets.............	1 082	Ressortissants et sujets...............	98
	1 791		420

Depuis mai 1924, la différence n'a fait que s'accentuer au profit de la France. La progression constante de l'élément blanc français et l'introduction de 2 500 Annamites ressortissants français, a porté le total des représentants de la France à un chiffre approximatif de 4 500 âmes pour l'ensemble de l'archipel. Dans le même temps, la population anglaise a diminué ; et la part britannique dans la possession du sol a été, au début même de la présente année 1927, amputée de 25 000 hectares, cédés à des Français par la « Pacific Iles Investement Cy ». La répartition de la propriété foncière est désormais la suivante :

Français........................... 642 298 hectares.
Anglais............................ 104 478   —
Indigènes .... 438 000   —

Dans l'activité commerciale s'affirme la même prédominance de la France ; sur un commerce total de 53 187 260 francs en 1925, la part de la France a été de 39 548 069 francs, celle de l'Angleterre de 13 639 190 francs. Le mouvement maritime nous fournit un nouvel argument : 14 875 tonnes sous pavillon anglais en 1925, et 53 329 sous pavillon français.

Dans ces conditions, une solution définitive s'impose et les Anglais eux-mêmes s'en rendent compte ; l'*Argus*, important journal de Melbourne, écrivait dernièrement : « Les Français ont pris la responsabilité, par conséquent ils ont acquis les droits. » La Commission impériale britannique qui s'est réunie à Londres au début de 1927 a réclamé aussi une décision. Des négociations sont en cours entre les deux gouvernements et, étant donné l'esprit amical qui les anime également, nous devons espérer un règlement du problème conforme à l'équité : l'annexion pure et simple des Nouvelles-Hébrides au territoire de la France totale.

En attendant ce règlement, nous devons signaler

une mesure intéressante prise, suivant une formule très nouvelle, par l'État français, aidé d'un grand établissement financier, pour assurer la mise en valeur des Nouvelles-Hébrides. Nos domaines dans cet archipel étaient jusqu'en 1924 en grande partie détenus par une société qui n'avait pas obtenu dans cette voie de résultats véritablement marquants. Au mois d'avril 1922, un établissement financier qui a rendu et rend chaque jour à la France du Pacifique les plus signalés services, a racheté la majorité des actions de la compagnie primitive, pour le compte de l'État français. Les plus importantes entreprises de la Nouvelle-Calédonie participèrent à cette opération qui a permis à la nouvelle société de s'assurer pour soixante-quinze ans un domaine immobilier de 750 000 hectares. Sur l'ensemble de ce domaine, elle mettra gratuitement à la disposition de l'État français 15 000 hectares de bonnes terres pour favoriser la création de centres de colonisation et, dans la limite maxima de 5 000 hectares, les terrains nécessaires à l'installation des services publics. Comme mandataire de la société primitive, elle est chargée de la vente de ceux des terrains loués qui ne doivent pas être réservés à l'État français. A ce titre, elle a déjà participé à la constitution d'une société ayant pour objet la culture du coton sur un domaine de 10 000 hectares dans la région de Norsup, sur la côte Est de l'île Mallicolo. Elle a donné également son appui à une autre compagnie qui a pour objet la mise en valeur de cet archipel aux points de vue agricole et minier.

***

3º *Les établissements français de l'Océanie.*

Tahiti. — La première description qui ait été faite des sites enchanteurs de Tahiti est sortie de la plume du navigateur Wallis que le roi d'Angleterre George III avait chargé de compléter les travaux de Byron. Wallis débarqua au nord de l'île le 19 juin 1767. L'année suivante, Bougainville, dans son voyage autour du monde sur la frégate la *Boudeuse*, mouilla le 2 avril 1768 devant Hitisa. Accueilli par les populations de l'île avec « mille témoignages d'amitié », il établit à terre un campement, noua les plus cordiales relations avec les chefs indigènes et ne quitta l'île, qu'il nommait la Nouvelle-Cythère, qu'après avoir enfoui dans son sol un acte de prise de possession inscrit sur une planche, avec une bouteille bien fermée, contenant les noms des officiers qui l'accompagnaient.

Cook, au cours de ses voyages, n'aborda pas moins de quatre fois à Tahiti en 1769, 1773, 1774 et 1777. De nombreux missionnaires anglais débarquent aussi bien à Tahiti qu'aux Marquises et aux Nouvelles-Hébrides. C'est l'époque où l'Angleterre, cruellement éprouvée par la séparation de ses colonies américaines, considère non sans convoitises les îles océaniennes, qui exercent leur attrait sur tous les navigateurs du temps.

Sous le règne de la reine Pomaré IV débarque à Tahiti, vers la fin de 1834, un missionnaire anglais, du nom de Pritchard, qui va jouer dans l'histoire de l'île un rôle considérable. Les premiers missionnaires catholiques français sont à peine arrivés à Tahiti en 1836, que Pritchard obtient de la reine leur expulsion. Envoyé par le gouvernement français, en 1838, le contre-amiral Dupetit-Thouars conclut avec la reine Pomaré une convention assurant la liberté intégrale à tous les citoyens français. Le capitaine de vaisseau Laplace, en 1839, fait ajouter un acte additionnel sur la liberté des cultes. En 1840 Pritchard se rend à Londres pour demander le secours de son gouvernement.

Des troubles éclatent à Tahiti. Pressée par plusieurs chefs influents de solliciter notre protectorat, la reine serait tentée d'accéder à leur demande si les Anglais n'intervenaient énergiquement en sens contraire. Dupetit-Thouars, qui vient de rentrer des Marquises, où il a décidé les indigènes à accepter l'annexion de ces îles à la France, adresse au gouvernement indigène un ultimatum dans lequel il exige des garanties contre une « conduite inique et rigoureuse ». La reine Pomaré consent officiellement à l'installation de notre protectorat. Un traité est signé avec elle et ratifié par le gouvernement français sans que l'Angleterre fasse la moindre opposition.

De retour dans l'île en 1843, Pritchard se refuse à accepter les faits accomplis en son absence. Il engage la reine à résister. Dupetit-Thouars, le

6 novembre, proclame la déchéance de la reine, prend officiellement possession de l'île, installe comme gouverneur le capitaine de vaisseau Bruat. Le 31 janvier 1844, sur le conseil de Pritchard, qui s'ingénie à lui faire entrevoir des dangers imaginaires, Pomaré se réfugie à bord d'un vaisseau anglais. Des troubles éclatent, Pritchard est arrêté et remis entre les mains du commandant d'un navire anglais. Peu s'en fallut que « l'affaire Pritchard » ne déchaînât la guerre entre la France et l'Angleterre. Le gouvernement de Louis-Philippe fit blâmer publiquement à la Chambre, par Guizot, et l'annexion de Tahiti et l'arrestation de Pritchard. Une indemnité est versée à Pritchard. En 1846, le protectorat est rétabli, et l'autorité de la reine restaurée.

Le protectorat français est solidement fondé sur une convention passée en 1857 avec l'Angleterre. Il se transforme en annexion définitive le 30 décembre 1880. Aucun événement ne vient dès lors troubler l'existence paisible de Tahiti jusqu'aux jours tragiques de 1914 où, le 22 septembre, les croiseurs cuirassés allemands *Sharnhorst* et *Gneisenau* vinrent lancer sur Papeete cent-vingt-cinq obus de 210 ; le commandant Destremau, après avoir ordonné de mettre le feu aux approvisionnements de charbon, fit couler dans la passe la *Zélée*, préalablement délestée de ses canons. Les croiseurs allemands reprirent, en passant par les Marquises, la route qui devait les conduire aux îles Falkland.

Les îles Sous-le-Vent. — Découvertes par Cook en 1769, les îles Sous-le-Vent ne virent arriver qu'en 1797 les premiers missionnaires anglais; en 1837, les premiers missionnaires catholiques français.

La funeste convention franco-anglaise du 19 juin 1847 inspirée, du côté anglais, par les intrigues de Pritchard, nous fit reconnaître formellement l'indépendance des îles de Huahine, Raiatéa, Bora-Bora, et renoncer à jamais prendre possession, dans l'avenir, de l'une ou de plusieurs d'entre elles. Il nous fallut attendre que, en 1880, une demande de protectorat eût été formulée par divers chefs indigènes pour hisser le drapeau français à Raiatéa. L'Angleterre, hostile tout d'abord, se mit d'accord avec nous pour maintenir notre protectorat pendant une période provisoire de six mois, jusqu'à ce qu'une entente définitive fût intervenue. Les négociations, au lieu de six mois, durèrent sept années. Le 16 mars 1888, la souveraineté pleine et entière de la France sur les îles Sous-le-Vent était proclamée, et le 30 mai de la même année, était signée à Paris la convention abrogeant définitivement la convention de 1887.

Les îles Marquises. — Dans les légendes qui circulèrent longtemps parmi les indigènes des îles Marquises, et dans la langue même dont ils font usage encore aujourd'hui, la trace se retrouve du premier débarquement du navigateur espagnol Alvaro Mendana de Neira dans les dernières années du seizième siècle.

Près de deux siècles plus tard, Cook apparaît le 6 avril 1774. Viennent ensuite, en 1791, le capitaine Ingraham, de Boston, le Français Marchand ; en 1804, le Russe Krusenstern ; en 1813, l'Américain Porter.

En 1838, Dupetit-Thouars arrive, ayant à son bord deux missionnaires qu'il doit débarquer dans les îles. Il est accueilli par les indigènes avec des manifestations d'amitié qui ne sont pas moins vives, après son départ, à l'égard de Dumont d'Urville. C'est à Dupetit-Thouars que devait revenir l'honneur de prendre possession des îles, en 1842, au nom du gouvernement français.

Les Tuamotou. — Le premier Français qui aborda aux Tuamotou fut Bougainville (1768). Les Tuamotou furent placées sous le protectorat français en 1859, et annexées à la France, en même temps que Tahiti, le 30 décembre 1880.

Les Gambier. — Dix ans après l'arrivée, en 1834, des premiers missionnaires français aux îles Gambier, le protectorat français était établi sur l'île. Il fut confirmé en 1871, mais c'est en 1879 seulement qu'un résident laïque fut installé dans l'archipel. Sur la demande faite par les indigènes, le 23 février 1881, l'annexion à la France fut proclamée.

Iles Australes. — Tubaï et Raivava ont été placées sous le protectorat français en 1842 et annexées en 1880. Rurutu et Rimatara ont été

placées sous le protectorat en 1869, et annexées
en 1900.

Rapa. — Le protectorat a été établi sur l'île
en 1867. L'annexion a été prononcée en 1887.
L'île est rattachée administrativement à l'archipel
Tubaï.

Les Wallis. — L'archipel des Wallis, découvert
en 1767 par le navigateur anglais qui lui a donné
son nom, a été placé sous le protectorat français
en 1842 et annexé par décret le 19 novembre 1886.

***

L'activité commerciale des établissements français de l'Océanie est bien loin d'être négligeable.
Elle atteint en effet en 1925 un total de 92 millions
pour le commerce spécial. La France a importé
dans les colonies de ce groupe 11 285 000 francs
de marchandises et leur a acheté près de 8 millions
de produits divers représentant 17 pour 100 des
exportations de ces possessions.

Parmi les principales productions, citons le
coprah (28 millions de francs), la vanille (près de
13 millions), la nacre de perles (3 millions et demi).
Nous devons signaler particulièrement une très
belle entreprise française qui a mis en valeur dans
l'île de Makatea (une des plus occidentales du
groupe des Tuamotou), à 130 milles au nord de
Papeete, d'importants gisements de phosphates,

découverts en 1907, que leur riche teneur (variant de 80 à 85 pour 100) rend exceptionnellement intéressants.

L'île de Makatea, formée par un ancien attoll soulevé à environ soixante-dix mètres au-dessus de la mer par un mouvement sismique, s'élève au-dessus des flots en une falaise presque verticale où ont été aménagées des rampes d'accès. Le lagon intérieur a disparu et, en dehors de quelques petites sources, l'eau douce doit être demandée à des citernes qui recueillent les eaux pluviales. Les travaux nécessités par l'exploitation des phosphates ont été parfaitement conçus et exécutés : la partie intérieure de l'ancien attoll se trouve, en effet, hérissée de multiples aiguilles de roches volcaniques très dures qu'il a fallu faire sauter à la dynamite pour établir les petites voies nécessaires au transport des minerais. Les navires qui viennent recueillir la production (cargos de 7 000 à 10 000 tonnes) s'amarrent à l'abri des vents sur des coffres retenus au fond de la mer par des câbles de 450 mètres de hauteur.

Une usine électrique permet de concasser et de sécher les phosphates. L'ensemble des établissements édifiés par la société comprend, en outre, de vastes magasins de stockage, et les logements nécessaires pour abriter tout le personnel, dirigeants et ouvriers. Au moment de l'arrivée de nos vaillants compatriotes, l'île ne comptait qu'une cinquantaine d'habitants indigènes. Aujourd'hui, l'exploitation occupe une main-d'œuvre de 1 500 hommes.

La production, en voie d'accroissement, atteint déjà aujourd'hui 130 000 tonnes par an. Cette exploitation a rendu pendant la guerre les plus grands services à la Nouvelle-Zélande, en lui permettant de continuer à fournir aux Alliés ses multiples produits agricoles.

Nous croyons avoir montré tout l'intérêt des colonies françaises du Pacifique, si peu connues du public métropolitain. Leur valeur économique est réelle, leur valeur stratégique, surtout dans les grands conflits qui pourraient s'élever sur le Pacifique, paraît inestimable. Or, nous entretenons comme forces navales et militaires dans ces mers lointaines, un aviso, la *Cassiopée*, et cinquante miliciens à Tahiti.

Ce n'est pas là une mise en défense, ce n'est même pas du gardiennage !

CHAPITRE XVI

L'APPEL DES COLONIES

Au cours des études qui précèdent, nous avons poursuivi notre examen des différentes colonies françaises au double point de vue historique et économique. Nous sommes, en effet, de ceux qui ne veulent pas « faire table rase du passé ». Le passé se venge toujours de ceux qui le méprisent. Si une voiture qui nous précédait est tombée dans le précipice au tournant d'une route, il ne nous déplaira pas de voir le mauvais passage annoncé par un poteau indicateur portant le mot « danger ». L'histoire ne serait-elle qu'un « musée des erreurs », il est utile de ne pas l'ignorer.

Mais, en dehors de ces enseignements d'ordre négatif, notre histoire coloniale nous donne des leçons affirmatives capables d'accroître notre énergie dans le présent et notre confiance dans l'avenir. Elle atteste, en effet, qu'*il y a toujours eu des Français colonisateurs*. Sans remonter aux Croisades, — qui firent cependant de l'Orient méditerranéen un « empire franc » et un des empires qui ont laissé sur le sol (par les ruines grandioses de ses châteaux), dans les mœurs, dans le droit même, les plus durables traces de sa solidité et de sa grandeur, — toute l'histoire de la France depuis le quinzième siècle prouve l'esprit d'entreprise de notre race. Malgré l'effroyable consommation d'hommes que causèrent les guerres de religion, l'Atlantique fut sillonné en tous sens au seizième siècle par les hardis navires des marins normands et bretons, depuis les brumeux rivages de Terre-Neuve jusqu'à la côte torride de l'Afrique occidentale, jusqu'aux Antilles, jusqu'au Brésil, dont Catherine de Médicis voulut faire un empire français, et où un Français de Provins, Villegagnon, se proclama « roi d'Amérique ».

Le dix-septième siècle fut une magnifique période d'expansion coloniale : l'Atlantique (avec les Antilles, le Canada et la côte d'Afrique) ne limite pas les grandes pensées d'un Louis XIV et d'un Colbert, Madagascar et les Indes deviendront des pièces maîtresses de leur politique.

Au dix-huitième siècle les navigateurs et les missionnaires français, aussitôt les Indes perdues pour nous, jettent les fondements d'une nouvelle France du Pacifique.

Au dix-neuvième siècle enfin, un effort continu nous rend maîtres d'une des plus grandes, d'une des plus précieuses parties de l'Afrique.

Entre ces périodes de lumière, il y a de longues et douloureuses nuits. Le Canada et les Indes nous ont échappé, non pas tant à la suite de fautes commises dans nos méthodes coloniales, qu'après les revers de notre politique ou de nos armes en Europe.

Et c'est là qu'apparaît le conflit tragique entre

nos aspirations coloniales séculaires et les nécessités inéluctables de notre situation géographique européenne. La véritable infériorité de la France par rapport à l'Angleterre, en matière coloniale, a été la nécessité de défendre périodiquement sa frontière de l'Est contre un voisin dont la guerre est l'industrie nationale. Quand cette frontière était solide, la France portait ses regards vers la mer; elle y naviguait, elle y combattait aussi glorieusement que personne; quand cette frontière était menacée, quand le Germain, toujours le même depuis Tacite, venait piller et raser nos foyers, force nous était bien de nous replier sur nous-mêmes, et d'abandonner les dépendances, quand le feu s'allumait au principal logis.

Aujourd'hui, heureusement, la situation est renversée grâce aux progrès des communications; les colonies sont pour la France, toujours enviée et détestée de l'Allemagne, un élément de force et non une cause d'affaiblissement. La dernière guerre l'a prouvé; c'est en Afrique du Nord que nous trouverons les hommes capables de tenir la frontière du Rhin en face des progrès menaçants de la natalité germanique, et c'est l'ensemble de nos colonies qui fournirait en cas de besoin les matières premières nécessaires à l'usine-France pour mener à bien la guerre industrielle, plus générale, plus tragique peut-être que la guerre des soldats.

Mais, si les hommes d'initiative n'ont jamais fait défaut à la France, ils n'ont pas toujours été soutenus à la fois par l'opinion publique et le gouvernement. Pour que l'action coloniale réussisse, elle doit réunir *à la fois* ces trois éléments de succès. Nous avons toujours eu des coloniaux, mais nous n'avons pas toujours eu une politique et une opinion coloniales. Au cours des pages qui précèdent, nous avons maintes fois constaté à quels insuccès navrants nous conduisit ce manque de cohésion entre ces trois forces essentielles qui ne sauraient obtenir de résultats décisifs si elles ne sont pas concordantes. Faut-il rappeler Madagascar au temps de Louis XIV, les Indes un peu plus tard, la question du Niger, celle du Congo, au dix-neuvième siècle? A quels échecs diplomatiques, à quels tristes renoncements ne nous a pas conduits maintes fois l'ignorance, l'indifférence de l'opinion en matière coloniale !

Je ne veux faire ici le procès d'aucun régime politique, car aucun n'eut le monopole de ces erreurs. Je crois même sincèrement que le régime parlementaire peut, mieux que tout autre, réaliser cette alliance du gouvernement et de l'opinion, sans quoi il est impossible de suivre une politique coloniale bien définie, et de seconder les hommes d'initiative qui veulent mettre en valeur les terres nouvelles. Dans un pays où l'opinion publique est aussi instruite, et aussi facile à informer que la France, il est nécessaire et possible de démontrer à cette opinion la nécessité de l'action coloniale. Lorsqu'elle en sera convaincue, elle imposera au Parlement, au gouvernement qui émanent d'elle et la suivent plus qu'ils ne la dirigent, l'énergie de vouloir et d'agir. Dès que députés et ministres verront se dessiner un courant en faveur de l'action coloniale, certains même, les plus fins, n'attendront pas que ce courant les emporte, ils prendront en temps opportun l'air de le diriger, pour se targuer plus tard de leur clairvoyance.

Nous n'en sommes pas encore là ; quand le sénateur Messimy demande au ministre de l'Instruction publique d'augmenter dans les écoles la part de l'histoire et de la géographie coloniales, M. Herriot répond avec bonhomie que cette part est déjà largement suffisante. Or, comme l'a fait remarquer d'une façon spirituelle et mordante mon collaborateur Pierre Deloncle, il résulte de la réponse même du ministre *qu'en quatre ans, de la quatrième à la première, l'Université consacre en tout et pour tout de treize à quatorze heures d'enseignement aux Colonies françaises.* Pour l'enseignement primaire, rien. Dans l'enseignement supérieur, quelques chaires soutenues par des fondations privées ; aucune chaire d'État.

Dans ces conditions, comment pourrait-il exister une opinion coloniale en France ? Il faut éveiller cette opinion chez les enfants, les forcer, par des questions obligatoires *aux examens des trois degrés d'enseignement,* à apprendre ce qu'est véritablement la France. Alors seulement, par la presse, par le cinéma, par les conférences, les expositions, il sera possible de faire germer les notions qui auront été semées dans tous les cerveaux. Depuis une trentaine d'années, notre enseignement public a subi de nombreuses réformes qui avaient la prétention de le rendre plus « moderne », plus « pratique ». Aucune de ces réformes n'a étendu la part réservée à l'histoire et à la géographie des colonies dans l'enseignement public. Est-il cependant rien de plus moderne et de plus pratique, disons le mot, de plus nécessaire que de connaître les ressources des colonies françaises et d'inspirer le désir de les mettre en valeur? Mais les candidats pâlissent avec terreur sur les pages de leur manuel consacrées aux rêveries de Sieyès sur la constitution de l'An III et sautent, sans crainte de question indiscrète, celles réservées à Galliéni.

Hâtons-nous de créer une opinion coloniale, puisque nous avons aujourd'hui des coloniaux et une politique coloniale.

Nous ne reviendrons pas sur les principes de cette politique que nous avons exposés au début de ce travail comme nous paraissant les meilleurs, c'est-à-dire les mieux confirmés par l'expérience, les mieux adaptés aux résultats que nous attendons de l'avenir. Ajoutons seulement cette observation que le lecteur n'aura pas manqué de noter lui-même en parcourant avec nous l'histoire des vieilles colonies, à savoir qu'il serait dangereux de vouloir établir une législation d'ensemble pour toutes nos colonies, ou donner des institutions semblables à des peuples si éloignés les uns des autres, parvenus aujourd'hui à des points si différents sur la courbe de l'évolution humaine.

Il se trouve encore peut-être des disciples de Rousseau et des grands Conventionnels qui sont prêts à légiférer pour l'univers entier. Apprenons-leur, gentiment, à mettre leurs illusions au magasin des accessoires : qu'ils aillent faire un tour à Dakar auprès des boys « conscients et organisés » qui ont essayé d'implanter là-bas les grèves, les tarifs syndicaux et autres gentillesses européennes, — qu'ils aillent aux Antilles et à la Guyane voir d'admirables pays qui meurent de la politique, et, si ces idéologues ne sont pas incurables, qu'ils nous promettent, au retour, de ne plus demander le bulletin de vote pour tous les indigènes.

Mais il ne suffit pas d'avoir une politique coloniale acceptée, voulue à la fois par les coloniaux, l'opinion publique et le gouvernement, il est nécessaire aussi de posséder les moyens de cette politique. Notre but est simple : c'est le travail dans l'ordre et dans la paix. Il convient donc d'assurer l'ordre et la paix, il faut montrer à tous : indigènes, métropolitains, rivaux étrangers éventuels, que nous ne sommes pas installés dans nos colonies à titre précaire et temporaire, mais à titre définitif.

Toute timidité de notre part sera payée par les indigènes, aujourd'hui en insolence, et peut-être demain en trahison. Tous, noirs, blancs, jaunes, ne respectent que la force et la richesse. Vous connaissez le proverbe musulman « baise la main que tu ne peux mordre ». Il ne faut pas confondre le respect avec la crainte ; le respect naît de la justice et la crainte d'un injuste abus de la force. Avant de se flatter d'obtenir l'affection et la gratitude, il faut exiger le respect : les « natives » pourraient-ils nous aimer s'ils ne nous respectaient pas? Se faire respecter, ce n'est pas multiplier les casernes et les gendarmes, c'est construire de spacieux et commodes édifices publics, loger dignement nos fonctionnaires, leur permettre une vie décente et large, nous installer à demeure et non en camp volant. Les Anglais nous ont donné à cet égard d'excellentes leçons de méthode. Ils n'y ont rien perdu.

Avec une vigilance avisée et une fermeté constante, nous devons déjouer et punir toutes les manœuvres qui tendent à diminuer notre autorité dans nos colonies. Le communisme, doctrine de régression dont l'Europe commence à comprendre et à démasquer les tragiques mensonges, doit être combattu sévèrement aux colonies dans l'intérêt des indigènes eux-mêmes. Il suffit, pour s'en convaincre, de jeter un coup d'œil sur ce qu'est devenue la Chine depuis qu'elle est tombée au pouvoir de quelques milliers de potaches bolchevistes.

Sans ordre et discipline dans nos colonies, les capitaux français bouderont les entreprises nécessaires à leur mise en valeur.

Enfin, n'oublions jamais qu'aujourd'hui de nombreux peuples, représentés ou non au Concile permanent de Genève, se croient des missions colonisatrices et n'attendent qu'une défaillance, qu'un renoncement d'une grande puissance coloniale pour réclamer âprement son héritage.

Dans ces conditions, il nous faut une Armée Coloniale et une Marine.

Une Armée Coloniale ne s'improvise pas. Alors que les troupes coloniales ont fait merveille pendant la guerre sur les champs de bataille métropolitains, on a eu parfois l'étrange idée (expédi-

tion de Madagascar, campagne du Riff) de transporter aux colonies des unités constituées de
l'armée métropolitaine. Celles-ci ont payé cher l'ac-
quisition de l'expérience qui leur faisait défaut.
Qu'on abaisse les barrières entre les cadres de
l'armée métropolitaine et de l'armée coloniale, que
l'on fasse servir par roulement, sur les théâtres
d'opérations extérieures, des officiers qui som-
meillent et souvent s'ignorent dans les petites
garnisons françaises (comme le commandant
Lyautey s'ignorait lui-même lorsqu'il fut désigné
pour partir au Tonkin), voilà d'excellentes mesures.
Mais il est nécessaire de maintenir et même de
renforcer cette Armée spéciale qui a acquis à la
fois tant d'expérience et tant de gloire ; d'ingé-
nieuses dispositions prises récemment autorisent
les jeunes Français métropolitains à contracter
dans l'Armée Coloniale, à des conditions particulièrement avantageuses, des engagements qui leur
donneront l'occasion de « voir du pays » et de choisir
sur place un emploi civil qui leur permettra d'apporter à la colonie le concours de leur activité.
Sous les tropiques, il en est des troupes comme des
entreprises privées, les blancs doivent fournir un
très solide encadrement et un abondant matériel.
Contre des hordes chinoises, ou des bandes de dis-
sidents du Tafilalet, contre quelque émeute de rues,
ce qu'il faut surtout ce sont des fortins bien pourvus de fils de fer, de mitrailleuses, d'abris bé-
tonnés, de projecteurs, de fusées éclairantes, ce
sont des escadrilles de bombardement et des chars
d'assaut. Le matériel permet d'économiser les

vies humaines, et celles-ci sont aujourd'hui le plus cher des matériels.

Enfin, pour la sécurité de nos colonies, il faut une Marine de guerre. Le commandant Chack, avant d'écrire ces récits pleins de vie que le grand public a si justement goûtés : *Combats et batailles sur mer, On se bat sur mer, Sur les bancs de Flandre,* a publié un maître livre un peu plus technique, mais aussi passionnant, intitulé : *la Guerre des croiseurs.* Tout colonial devrait méditer les enseignements de cet ouvrage. Il montre, en effet, le rôle que peut jouer dans les mers lointaines un croiseur corsaire rapide, bien commandé et bien entraîné. De la dernière guerre navale, nous sommes portés à ne nous rappeler que les horreurs et les destructions commises par les sous-marins allemands. Oublier le rôle qu'ont joué les bâtiments de surface serait une impardonnable négligence qui nous conduirait peut-être à surestimer le rôle réservé aux sous-marins dans un conflit futur. En ce moment, la marine française renaît au point de vue matériel et moral. Nous avons lancé de beaux bâtiments, leurs états-majors et leurs équipages apprennent à s'en servir. Il convient de ne pas s'arrêter en si bon chemin. Aucune jalousie extérieure n'empêchera ce fait : nous sommes la deuxième puissance coloniale du monde, et tant que nous serons une nation souveraine et libre de ses actes, aucune conférence ne pourra nous empêcher d'avoir la marine de nos colonies.

Ajoutons que si des contraintes extérieures parvenaient à limiter nos armements maritimes, aucun texte ne nous empêcherait de doter nos colonies de forces aériennes véritablement efficaces contre une attaque par mer. On a, pour le prix d'un cuirassé, quelques belles batteries de côte et beaucoup d'avions jetant des torpilles dirigées.

Au reste, au point de vue international, l'avenir n'apparaît pas comme menaçant. Notre longue rivalité maritime et coloniale avec les Hollandais et les Anglais, rivalité dont nous avons cité tant d'épisodes glorieux pour tous les adversaires, s'est muée en relations très cordiales avec ces deux puissances. A l'heure actuelle, le partage des continents est terminé entre les peuples qui en poursuivirent la découverte. De ce fait, la plupart des causes de friction ont disparu.

Un des meilleurs résultats de la guerre a été de chasser de l'Afrique et de l'Asie les Allemands qui sont par nature les plus désagréables voisins qu'on puisse imaginer. Soyons vigilants pour déjouer toutes leurs intrigues tendant à obtenir un mandat sur telle ou telle de leurs anciennes colonies ou même sur telle colonie que certaines puissances pourraient être disposées à leur céder. Laisser par exemple les Allemands acquérir l'Angola, s'établir à proximité du Congo belge et du Congo français serait vouloir d'un cœur léger et à bref délai une nouvelle guerre.

Si nous jetons les yeux sur la carte d'Afrique, nous ne trouvons vraiment que l'ombre d'un seul petit nuage qui puisse troubler les relations de la France avec ses anciens alliés, c'est la question d'Abyssinie et les expressions maladroites que revêtent parfois les ambitions italiennes. Nul homme d'ordre ne saurait blâmer l'Italie d'être fière du prodigieux redressement qu'elle a accompli depuis l'arrivée au pouvoir du président Mussolini. En ce faisant elle a constitué contre les plus décevantes et dangereuses doctrines politiques, contre le communisme et les partis bolchevisants, un bastion solide sur quoi peut s'appuyer la défense de la civilisation occidentale. Mais il serait à souhaiter que la légitime fierté de l'œuvre intérieure n'éveille pas chez nos amis d'au delà les Monts des ambitions coloniales immodérées. Leur entrée dans le cercle des grandes puissances coloniales a été trop tardive et trop difficile pour leur donner le droit de parler aussi fort dans ce cercle et de critiquer aussi haut certaines œuvres coloniales dont ils ne soupçonnent même pas la grandeur. Il y a là une faute de goût qui nous surprend chez un peuple aussi distingué et aussi fin, et dans une presse aussi disciplinée que la presse fasciste. Pourquoi ces verbiages? Avant de réclamer que les colonies soient mises en valeur par d'autres puissances, que l'Italie commence par montrer ce qu'elle sait faire dans les siennes : les résultats qu'elle y a obtenus jusqu'ici ne méritent encore qu'une mention d'encouragement.

Mais n'attachons pas plus d'importance qu'il ne convient à quelques exagérations de langage un peu déplaisantes. Si nous jetons les yeux sur une carte, nous voyons beaucoup d'atouts dans notre jeu ; comme l'Angleterre, nous sommes bien placés aux grands carrefours du monde : en face du canal de Panama, nous avons les Antilles ; à la porte de la mer Rouge, Djibouti ; à l'entrée du sud de l'océan Indien, Madagascar ; l'Indochine est une position stratégique de premier ordre dans les mers de Chine ; Tahiti dans le Pacifique. Grâce à ces positions, la neutralité bienveillante de la France peut être un jour d'un grand prix pour certains peuples, pacifiques certes aujourd'hui, que des circonstances cependant prévisibles peuvent transformer en belligérants.

A part le bolchevisme, aucun danger vraiment sérieux ne paraît menacer désormais les colonies françaises. Et ce péril, s'il se faisait plus redoutable, ne manquerait pas de provoquer le groupement des forces capables de lui résister. Si difficiles que soient les ententes internationales (et les événements de Chine fournissent une nouvelle preuve de cette difficulté), la civilisation occidentale est encore capable de défendre ses foyers contre les réveils de la barbarie. Donc, la situation politique générale nous permet de travailler à la mise en valeur de nos colonies.

Quelle méthode choisirons-nous pour accomplir cette grande œuvre économique ? L'histoire, nous l'avons vu, nous en propose plusieurs : nous avons constaté, soit sous l'Ancien Régime, soit de nos jours, en Afrique Equatoriale le danger des grandes compagnies à monopoles. Quant à la petite colonisation, elle n'est possible qu'en Afrique du Nord. Là nous devons l'encourager de toutes nos forces, c'est-à-dire en faisant tout notre possible pour attirer au Maroc, en Algérie, en Tunisie, des paysans français et aussi (en prenant toutes les précautions voulues pour que cette acclimatation réussisse) des paysans appartenant à ces nations amies et alliées de la France : Pologne, Tchécoslovaquie, où nous n'avons pas à redouter l'éclosion d'ambitions coloniales démesurées.

Dans toutes les colonies tropicales, une seule forme de colonisation est capable de donner un rendement économique rapide et massif, c'est celle qui est faite par la Société anonyme. Elle seule apporte ce qu'il faut aux régions tropicales : des capitaux et des techniciens. Elle a un objectif précis : elle exploite des concessions limitées. Elle a une durée supérieure à la vie des hommes. Elle est soumise pour sa gestion à des obligations strictes. Si notre admirable législation sur les sociétés anonymes avait existé au temps de Law, les entreprises du génial Écossais auraient sans doute réussi, toute l'histoire coloniale de la France eût été changée et Law serait cité parmi les grands ministres après Richelieu et Colbert.

L'outil existe donc, à quelles fins devons-nous l'employer? Le but à atteindre nous paraît être de rattacher le plus solidement possible les colonies à la métropole — de travailler à cimenter l'unité de la France totale.

De même que jadis nos souverains Capétiens et Valois eurent pour politique de fondre les provinces diverses, les terres de leurs grands vassaux dans l'unité française, de même aujourd'hui la République doit, en respectant la variété de ses colonies lointaines, les intégrer entièrement dans notre vie nationale, au point que cette France des cinq parties du monde, innervée d'un même sang, batte d'un même rythme et d'un même cœur.

Multiplions donc tout ce qui unit et luttons contre ce qui sépare. Favorisons les liaisons d'intérêts, multiplions les liaisons matérielles. Le plus bel exemple que nous puissions donner de ces liaisons nécessaires est le Transsaharien. Lui seul permettra la mise en valeur du Soudan, où coule, inutile encore, un des plus beaux fleuves du monde, le Niger, le Nil français. Lui seul permettra aux colons algériens, riches d'argent et d'expérience, de développer dans cette vallée du Niger les grandes cultures industrielles si rares encore en A. O. F. Lui seul fera l'unité de l'Afrique française, la mettra plus près de la métropole qu'au dix-septième siècle la Bretagne et la Gascogne ne l'étaient de Paris.

Tels sont la méthode à employer et le but à atteindre : il reste à établir un programme d'ensemble et à adapter le mieux possible les moyens existants aux fins que nous poursuivons.

Le premier point de ce programme doit être de préserver et de développer sur le sol de toutes ces Frances lointaines la plus belle des richesses, celle sans quoi toutes les autres seraient inexploitables et stériles : la vie humaine. Luttons contre les maladies, favorisons en France toutes les institutions, tous les laboratoires (spécialement ceux de chimie thérapeutique) qui ont engagé le combat contre tous les agents de mort. Multiplions à la colonie le nombre des médecins européens, des sages-femmes indigènes, les dispensaires, les centres de vaccination. Sauvons le plus possible d'enfants de la mortalité qui les décime. Apprenons à l'indigène à se nourrir, à se vêtir, à se loger.

Dans cette lutte pour la préservation, pour le développement de la vie, n'oublions pas les troupeaux dont le nombre pourrait être tel que les indigènes auraient à manger de la viande d'une façon normale et que la France pourrait recevoir les laines, les peaux qui sont nécessaires à ses industries. Comme les hommes, les troupeaux ont été maintes fois décimés aux colonies par des épidémies terribles, et le vétérinaire doit suivre partout le médecin.

Dans l'ordre d'urgence, vient ensuite l'outillage public de la colonie. Civilisation = transports, a dit Kipling. Il est impossible aux entreprises privées de tenter de grandes cultures industrielles, des exploitations minières, en un mot toutes les entreprises qui recueillent les richesses ou dégagent les possibilités virtuelles d'un pays, si elles n'ont pas à leur disposition un minimum de routes, de chemins de fer, de ports pourvus d'engins de levage, de matériel de manutention.

Dans toutes nos colonies, aujourd'hui pacifiées, nous en sommes venus à cette phase de leur croissance où l'outillage public doit être activement développé. Nous sommes sortis de la période des tâtonnements et des expériences, et nous devons établir des plans de communications où les différents moyens de transport ne s'opposent pas entre eux, ne se fassent pas concurrence, mais se prêtent

un mutuel appui. Les chemins de fer (et de pré-
férence les chemins de fer à voie normale et à
double voie) doivent être chargés des longs parcours ; les routes, si coûteuses à entretenir quand
elles subissent un trafic intense, ne servant que
d'affluents à la voie ferrée.

A côté des voies de communication, il faut
donner un large développement à l'hydraulique
agricole. Dans tout pays chaud, l'eau est la grande
alliée du soleil. L'union de ces deux forces donne
parfois une admirable fécondité à des terres qui
sous d'autres climats seraient réputées infertiles.
Par l'irrigation, le rendement de toutes les cultures tropicales se trouve multiplié, ainsi que la
valeur des terres qui bénéficient des eaux fécon-
dantes.

S'il appartient à l'administration de chaque
colonie d'établir l'ordre d'urgence des travaux
publics à y poursuivre, en tenant compte d'abord
des besoins généraux de la métropole (Van Vol-
lenhoven, disait : « Nous ne devons pas fournir des
échantillons, mais une production massive ») et,
en second lieu, des *desiderata* des colons, entre les
impatiences desquels il lui est réservé de jouer le
rôle d'arbitre, il semble aujourd'hui possible qu'une
fois le plan de travaux établi, l'administration
fasse appel pour l'exécution et l'exploitation à la
collaboration des entreprises privées. Dépassons
même la vieille formule des garanties d'intérêt, et
sachons, comme l'ont fait les Belges au Congo,
réaliser des ententes loyales entre l'administration et les particuliers, groupés ou non en sociétés,

ceux-ci obtenant en échange de leurs travaux des concessions à proximité des lignes et routes à construire et cédant en retour à la colonie des parts de fondateur ou des actions d'apport. Ainsi, le budget de la colonie pourrait profiter du développement général du pays sans avoir à s'imposer pour le hâter. Mais, pour adopter ces méthodes administratives nouvelles, il faut que l'administration (et le Parlement qui la contrôle) rejettent la méfiance soupçonneuse dont ils ont fourni tant de preuves à l'égard des entreprises privées.

Il est temps que les promoteurs d'affaires nouvelles ou leurs agents cessent d'être contraints de prendre dans les bureaux administratifs posture de suppliants — et que parlementaires et fonctionnaires renoncent devant les hommes d'action aux attitudes de grands inquisiteurs. Ces derniers se rendent-ils compte de leur ridicule dans ce rôle ? Ils connaissent mal le public devant lequel ils jouent cette comédie du scrupule. L'opinion ne les prend plus pour des vierges rougissantes ; si elle est moins sévère qu'autrefois pour les fonctionnaires coloniaux, c'est parce que les colons, les hommes qui, par leur travail et leurs capitaux, créent vraiment des richesses nouvelles ont bien voulu dire que généralement aujourd'hui les représentants de l'administration sont à la hauteur de leur tâche. Quant aux parlementaires, ils auraient tort de mesurer aux demandes de leurs électeurs la considération dont ils sont entourés dans le pays.

Ce pays a acquis depuis la guerre, à une dure

école, le sens des réalités; il préfère ceux qui agissent à ceux qui parlent. Pour relever la France meurtrie dans sa chair, dans ses biens, dans sa terre même, il faut que tous ses fils s'intéressent à la mise en valeur de ses colonies. Là, grâce à la fécondité de la nature tropicale, aux larges espaces où l'on peut employer un outillage puissant, il est possible d'obtenir des résultats beaucoup plus rapides que sur le sol métropolitain. Cultures rapides, cultures riches payent vite et largement le loyer de l'argent qu'on leur consacre. Investir aux colonies une partie de son épargne, c'est le moyen pour tout Français de coopérer à la grande œuvre nationale d'où dépend la renaissance de la patrie. Répétons-le encore : pour mettre les colonies en valeur, il nous suffit de recevoir par an de la métropole quelques centaines de techniciens : ingénieurs des travaux publics, ingénieurs hydrauliciens et électriciens, ingénieurs agronomes, médecins, vétérinaires, contremaîtres et chefs d'équipe. Ces hommes dévoués et compétents, prêts à partir, sont en plus grand nombre que nous ne pouvons les utiliser, faute de capitaux, pour réaliser l'énorme programme que nous devons poursuivre. Que l'épargne française donne largement son appui aux hommes qui ont fait leurs preuves, à ceux dont la réputation est établie par d'incontestables succès, à ceux qui ont l'habitude de ne patronner que des affaires saines, bien étudiées, et les progrès de nos colonies seront rapides, ils iront à pas de géant.

Mais, au-dessus des bénéfices matériels que nous

devons attendre de ces progrès, il faut placer les avantages moraux que vaudra à notre pays cette reprise vigoureuse de l'action coloniale. Au sortir de guerres sanglantes, une nation est guettée par les maladies collectives de la volonté : lisez la *Confession d'un enfant du siècle*. Allons-nous verser encore dans je ne sais quel romantisme, dans je ne sais quel dégoût de la vie et de l'effort ? Ce serait notre suicide comme grand peuple, et la France n'a pas le droit de s'abandonner. Son passé lui impose d'autres devoirs. Au milieu du dix-neuvième siècle, l'Algérie nous redonna le goût de l'action, à la fin de ce siècle et au début du vingtième, nos succès coloniaux rompirent l'envoûtement de la défaite, et les clairons de nos expéditions coloniales, la gloire des Galliéni, des Lyautey, des Mangin, des Gouraud, éveillèrent en nos âmes une mentalité de vainqueurs. C'est l'exemple de ces hommes qui nous a soutenus à l'heure du péril, et qui a fait de tous les combattants français des soldats dignes de leurs chefs. Ce n'est pas au lendemain d'une victoire achetée par tant de deuils qu'il convient de laisser éteindre le flambeau. La France doit être et doit paraître une nation qui marche, qui va de l'avant sur les routes du monde, pareille à cette Victoire de Samothrace, victoire mutilée mais victoire ailée, pleine de jeunesse et de force, et, penchée, frémissante, à la proue d'un vaisseau, sur l'avenir.

FIN

LA FRANCE DES CINQ PARTIES DU MONDE

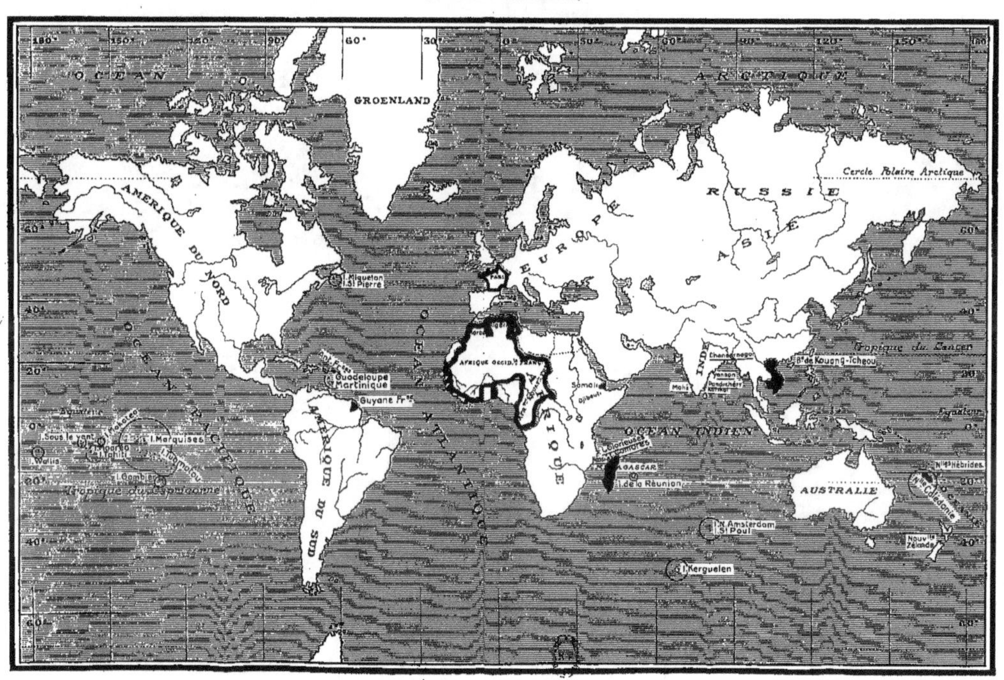

TABLE ALPHABÉTIQUE
DES NOMS PROPRES ET DES MATIÈRES

TABLE DES MATIÈRES

PARIS. — TYPOGRAPHIE PLON, 8, RUE GARANCIÈRE. — 1927. 35290.

www.ingramcontent.com/pod-product-compliance
Lightning Source LLC
LaVergne TN
LVHW011932180726
843502LV00003B/767